GOLDMANN
Lesen erleben

Alle Ratschläge in diesem Buch wurden vom Autor und vom Verlag sorgfältig erwogen und geprüft. Eine Garantie kann dennoch nicht übernommen werden. Eine Haftung des Autors beziehungsweise des Verlags und seiner Beauftragten für Personen-, Sach- und Vermögensschäden ist daher ausgeschlossen. Dieses Buch ist keine Aufforderung, eine Ernährung frei von Kohlenhydraten zu führen. Die Berechnung der Nährwerte der Rezepte erfolgte nach den Angaben auf den verwendeten Lebensmitteln. Die angegebenen Werte sollen lediglich als Richtwert und zur Einschätzung der verschiedenen Nährstoffe eines Gerichtes dienen.

Der Verlag weist ausdrücklich darauf hin, dass im Text enthaltene externe Links vom Verlag nur bis zum Zeitpunkt der Buchveröffentlichung eingesehen werden konnten. Auf spätere Veränderungen hat der Verlag keinerlei Einfluss. Eine Haftung des Verlags ist daher ausgeschlossen.

MIX
Aus verantwortungsvollen Quellen
FSC® C005833

Verlagsgruppe Random House FSC© N001967

Dieses Buch ist auch als E-Book erhältlich.

2. Auflage
Vollständige und überarbeitete Taschenbuchausgabe August 2016
Wilhelm Goldmann Verlag, München,
in der Verlagsgruppe Random House GmbH

Neumarkter Straße 28, 81673 München
Umschlag: Uno Werbeagentur, München, unter Verwendung eines Entwurfs von Alexander Grimme
Umschlagfotos außen: © Alexander Grimme
Umschlagfotos innen: © shutterstock/bitt24 © shutterstock/new photo
Layout: Alexander Grimme
Bildredaktion: Anka Hartenstein
Innenbilder: fotolia: 4-5 (vetre), 9 (Grafvision), 10 (Springfield Gallery), 14-15 (motorolka), 60-61 (lecic), 88-89 (DoraZett), 110-111 (mythja); shutterstock: 7 (Karaidel), 8 (bikeriderlondon), 12 (Evgeny Karandaev), 34-35 (Syda Productions);
Satz: Satzwerk Huber, Germering
Druck und Bindung: Těšínská Tiskárna, A. S., Český Těšín
MZ · Herstellung: cb
Printed in Czech Republic
ISBN 978-3-442-17660-1
www.goldmann-verlag.de

Besuchen Sie den Goldmann Verlag im Netz

Alexander Grimme

ESSENohneKOHLENHYDRATE

55 köstliche Low-Carb-Rezepte

GOLDMANN

INHALT

LOW-CARB VERSTEHEN

EINFÜHRUNG

Essen ohne Kohlenhydrate – dahinter steckt ein Ernährungstrend: Low-Carb. Low-Carb kommt aus dem Englischen: »low« für »niedrig« oder »wenig« – »carb« als Abkürzung für »carbohydrates«, also Kohlenhydrate. Wer sich nach Low-Carb ernährt, reduziert und überwacht ganz bewusst seine tägliche Aufnahme von Kohlenhydraten. Auf den ersten Blick scheint das abstrus: Wir verweigern unserem Körper einen wichtigen Nährstoff, welchen er gewöhnt ist und auch benötigt.

Als ich mich entschlossen hatte, meine Ernährung umzustellen, probierte ich viele Low-Carb-Ansätze aus und konnte viele Erfahrungen sammeln. In meinen ersten Bemühungen, Gewicht zu verlieren, versuchte ich so gut es geht komplett auf Kohlenhydrate zu verzichten. Dabei merkte ich, dass ich oft müde, antriebslos und schlecht gelaunt war. Die Motivation und Kraft, Sport zu treiben, war verschwindend gering. Das Resultat dieses Versuchs waren Heißhungerattacken, Gewichtsschwankungen, eine miese Stimmung über den Misserfolg und ein schlechtes Gewissen. Nachdem ich mich dann intensiver mit den Abläufen im Körper beschäftigt hatte, war mir klar: Es geht nicht darum, Kohlenhydrate vom Speiseplan zu streichen, sondern die richtige Art von Kohlenhydraten in angemessenen Mengen zu sich zu nehmen.

Sehr vereinfacht kann man die Theorie hinter Low-Carb so zusammenfassen: Vor vielen Tausend Jahren gab es keine Supermärkte an jeder Ecke, keine Restaurants oder Schnellimbisse und auch keinen Pizzaservice. Kurz, es gab keine Rundumversorgung. Die Menschen mussten jagen und sammeln, um zu überleben. Ihre Nahrung bestand hauptsächlich aus Eiweiß und Fett: Fleisch von erlegten Tieren, Pflanzen, Wurzeln, Nüsse, Samen und Obst. Damit mussten sie auskommen, und damit kamen sie auch gut aus. Zu verdanken hatten sie das dem menschlichen Körper. Er ist eine hocheffiziente Maschine und Meister darin, überschüssige Energie zu speichern und effektiv und effizient zu verbrennen, um uns in schlechten Zeiten so lange und so gut es geht mit Energie zu versorgen. Damit er aus Lebensmitteln Energie gewinnen kann, muss er alle Nährstoffe aus der Nahrung in einzelnen Bausteine aufbrechen.

Allerdings hat sich unser Körper langsamer entwickelt als der technische Fortschritt und die damit verbundene Veränderung unserer Essgewohnheiten. Im Laufe der Zeit hat sich der Anteil von Kohlenhydraten auf unseren Tellern stark erhöht, vor allem der Anteil an kurzkettigen Kohlenhydraten. Diese sind zum Beispiel enthalten in raffiniertem Zucker oder Weißmehl und damit in vielen von der Industrie verarbeiteten Lebensmitteln. Kurzkettige Kohlenhydrate haben sehr viel weniger Nahrungsbausteine als Kohlenhydrate mit langen Ketten. Deshalb können sie vom Körper schneller zerlegt werden und liefern auch schneller Energie. Im Gegenzug werden sie auch schneller vom Körper verbraucht – wir haben schneller wieder Hunger und unser Blutzuckerspiegel sinkt. Starkes Übergewicht und manchmal sogar Krankheiten wie Stoffwechselstörungen oder Diabetes können die Folge sein. Mit der Reduzierung von Kohlenhydraten versucht man diesen Kreis zu durchbrechen. Verzichtet man allerdings auch auf die wichtigen langkettigen Kohlenhydrate, fehlt dem Körper unter Umständen Energie, wie es bei mir der Fall war.

Mit diesem Wissen habe ich mir meinen Speiseplan über viele Monate hinweg zusammengestellt und habe dabei immer auf die passende Menge langkettiger Kohlenhydrate – wie zum Bespiel Vollkornprodukte – geachtet. Mit dieser Ernährung habe ich in eineinhalb Jahren knapp 20 Kilogramm abgenommen. Und das Gute daran war, ich habe auf kaum etwas verzichtet und hatte eigentlich nie das Gefühl, gerade mitten in einer Diät zu stecken. Andere Diätpläne sehen tatsächlich einen kompletten Verzicht auf Kohlenhydrate vor. Für mich war das nicht der richtige Weg, aber natürlich kann und muss das jeder für sich selbst festlegen. Für mich ist es nicht schlimm, wenn ein Rezept eine Banane enthält – im Gegenteil. Meine Gerichte sollen niemandem etwas vorschreiben. Sie sollen vielmehr eine Inspiration sein – egal ob ihr am Anfang oder mitten in einer Low-Carb-Diät steckt, egal ob ihr einfach gelegentlich mal Low-Carb kocht oder auch nur, weil ein Rezept so lecker aussieht.

Vorbereitung ist alles
in der Küche

Folgende Geräte benötigt ihr für einige meiner Rezepte:

- Küchengerät zum Rühren und Zerkleinern, Spiralschneider für Gemüsenudeln, Mixer, Mikrowelle

Folgende Zutaten befinden sich zu jeder Zeit in meiner Low-Carb-Küche:

- Öle: Rapsöl, Olivenöl, Kokosöl
- Aus der Kühltheke: Eier, Butter, Magerquark, Frischkäse, Käse
- Mehlersatz: Mandelmehl, gemahlene Mandeln, Kokosmehl, Eiweiß- bzw. Proteinpulver
- Zuckerersatz: Stevia, Xylit, Erythrit

Vielleicht fragt ihr euch, warum in meiner Küche auch Zuckerersatzstoffe und Proteinpulver stehen. Vor allem diese beiden Zutaten stoßen in der Low-Carb-Küche auf Skepsis – und oft nicht zu Unrecht. Zuckerersatzstoffe können zum Teil vom Körper nicht verdaut werden. Auch die Verträglichkeit ist nicht bei jedem Menschen gleich. Ihr solltet also vorsichtig damit umgehen und schauen, ob ihr sie gut vertragt. Auch ich versuche, so oft es geht auf Nahrungsergänzungs- und Austauschstoffe zu verzichten. Beim Low-Carb-Backen muss aber häufig die Bindeeigenschaft von Weißmehl ersetzt werden, um eine passende Teigkonsistenz zu erreichen. Und auch flüssige Alternativen zu Zucker (wie Honig oder Agavendicksaft) können die Konsistenz des Teiges zerstören. Wenn ich einen Zuckerersatzstoff oder ein Pulver in einem Rezept verwende, will ich damit aber nicht sagen, dass ihr diesen Austauschstoff ab jetzt in allen Gerichten verwenden sollt oder dass es nicht ohne gehen würde.

Als Zuckerersatz setzte ich oft auf den pflanzlichen Süßstoff Stevia. Dabei handelt es sich um die Blätter des Honigkrauts, auch Süßkraut genannt, das hauptsächlich in Südamerika wächst. Alternativ verwende ich Xylit (wird frei von Gentechnik aus Holz- oder Maispflanzenfasern gewonnen) oder Erythrit (wird durch die Vergärung von Traubenzucker gewonnen). Diese Zuckerersatzstoffe bekommt man inzwischen in allen größeren Supermärkten und Reformhäusern. Alternativ natürlich auch im Internet.

Bei Eiweißpulvern solltet ihr darauf achten, Produkte mit hoher biologischer Wertigkeit zu verwenden. Die biologische Wertigkeit ist ein Maß dafür, wie viele Teile eines aufgenommenen Nahrungsproteins durch den Körper in körpereigene Eiweiße umgewandelt werden können. Sehr hoch ist sie beispielsweise bei Molkenproteinen (auch Whey genannt). Erwerben könnt ihr Eiweißpulver in ausgewählten Bioläden und Reformhäusern. Am einfachsten ist eine Bestellung im Internet.

Weißmehl kann man mittlerweile vielfältig ersetzen: Leinsamenmehl, Kokosmehl, Sojamehl, Walnussmehl und so weiter. Ich verwende hauptsächlich Mandel- und Bio-Kokosmehl. Auch diese Mehle können die Bindefunktion von Weißmehl teilweise ersetzen. Sie sind zudem arm an Kohlenhydraten und besitzen oft einen höheren Eiweißgehalt als normales Mehl.

Statt des recht teuren Mandelmehls kann man auch gemahlene Mandeln verwenden. Der Unterschied liegt im Mahlgrad. Zudem wird Mandelmehl entölt oder teilentölt und hat damit einen deutlich geringeren Fett- und Kaloriengehalt als gemahlene Mandeln. Bei Kokosmehl ist das ähnlich: Es wird getrocknet, entölt und anschließend sehr fein gemahlen. Low-Carb-Mehle findet ihr in immer mehr großen Supermärkten und Reformhäusern. Alternativ kann man die Mehle natürlich im Internet bestellen.

BEVOR ES LOSGEHT

SO FUNKTIONIEREN DIE REZEPTE

Bevor ihr loslegen könnt, gilt es noch zu erklären, wie meine Rezepte zu lesen sind. Wenn ihr eines dieser drei Zeichen entdeckt, bedeutet das Folgendes:

VEGGIE – Zeichen für 100% vegetarische Rezepte

VEGAN – Zeichen für 100% vegane Rezepte

RAW – Zeichen für 100% Rohkostrezepte

Jedes Rezept ist außerdem mit einer Legende ausgestattet: Hier erfahrt ihr, wie lange ihr für die Zubereitung braucht, welche Nährstoffe in dem Gericht enthalten sind und wie schwer die Zubereitung ist.

Waschen, schälen, schneiden, hacken, anrühren, vermischen etc.

Zeitangabe zur Zubereitung am Herd oder im Ofen, ohne Vorbereitung.

Wie schwierig ist die Durchführung des Rezeptes? Die Angaben beziehen sich auf komplizierte Einzelschritte bei der Zubereitung. Wie zum Beispiel ein Omelett zu wenden.

10Min VORBEREITUNG | **20**Min BACKEN/KOCHEN | **Einfach** SCHWIERIGKEIT

EW10g **F**10g **KH**10g **Kcal**170

Die Nährwertangaben beziehen sich immer auf eine Portion. Ich berechne die Nährwerte meiner Rezepte nach den Angaben auf den verwendeten Lebensmitteln. Die angegebenen Werte sollen lediglich als Richtwert und zur Einschätzung dienen. Natürlich achte ich darauf, die Nährwertangaben immer so genau wie möglich zu berechnen. Egal ob ihr die Nährwertaufnahme (Kohlenhydrate, Eiweiß und Fett) im Detail oder lediglich eure Kalorienaufnahme überwacht, empfehle ich beim Nachkochen der Rezepte selbst auf die Nährwerte der von euch verwendeten Lebensmittel zu achten.

FRÜHSTÜCK

RÜHREI MIT LECKEREM RADIESCHENSALAT

VEGGIE

ZUTATEN (FÜR 2 PORTIONEN)

1	Bund Radieschen
2 EL	neutrales Öl (z.B. Rapsöl)
	Prise Salz, Pfeffer
4	Eier
1 EL	Milch
	etwas Muskatnuss (gerieben)
½	Bund Frühlingszwiebeln
1	Handvoll Petersilie
	etwas Butter
	etwas Kräuter zum Garnieren (z.B. Petersilie, Schnittlauch)

ANLEITUNG

1. Die Radieschen vom Bund entfernen und ordentlich waschen. Anschließend in feine Scheiben schneiden und in eine Schüssel geben. Öl dazugeben und mit Salz und Pfeffer würzen. Gut vermischen.

2. Die Eier mit der Milch verquirlen und mit Salz, Pfeffer und Muskatnuss würzen.

3. Frühlingszwiebeln waschen und in kleine Ringe schneiden, Petersilie waschen und hacken. Beides kurz in einer Pfanne mit etwas Butter anbraten. Anschließend die Ei-Milch-Mischung darübergeben, kurz stocken lassen und dann mit einem Kochlöffel vorsichtig in Stücke zupfen. Relativ schnell vom Herd nehmen, damit das Rührei nicht zu trocken wird.

4. Das Rührei auf einem Teller anrichten und nochmals eine Messerspitze Butter daraufgeben. Den Radieschen-Salat dazugeben. Schmeckt auch vermischt mit dem Rührei sehr lecker.

5. Den Teller vor dem Servieren noch mit etwas Kräutern sowie Salz und Pfeffer bestreuen. Fertig!

10 Min VORBEREITUNG | **5** Min KOCHEN | **Einfach** SCHWIERIGKEIT

EW 14g **F** 19g **KH** 3g **Kcal** 239

CHIA-EIWEISSBRÖTCHEN

VEGGIE

ZUTATEN (FÜR 2 PORTIONEN)

	etwas neutrales Öl zum Einfetten
½	Päckchen Backpulver
6 EL	Flohsamenschalenpulver
1 EL	Chia-Samen
1 EL	Leinsaat (geschrotet)
2 EL	Quark (Fettgehalt 20 %)
1 EL	Frischkäse (Fettgehalt 0,2 %)
2	Eier
25 g	Käse (gerieben)
	etwas hellen Sesam
	etwas Eiweiß zum Bepinseln (optional)

10 Min VORBEREITUNG · **30-40** Min BACKEN · **Mittel** SCHWIERIGKEIT

EW 16g **F** 12g **KH** 5g **Kcal** 192

ANLEITUNG

1. Backofen auf ca. 200 °C vorheizen (Ober- und Unterhitze).

2. Ein Backblech mit Backpapier auslegen und mit etwas Öl einfetten, damit sich die Brötchen später besser vom Papier lösen.

3. Zuerst die trockenen Zutaten (Backpulver, Flohsamenschalenpulver, Chia-Samen und Leinsaat) vermengen. Anschließend mit einem Löffel oder einem Küchengerät nacheinander Quark, Frischkäse, Eier und Käse unterrühren, bis ein zusammenhängender Teig entsteht.

4. Aus dem Teig ca. vier kleine Brötchen formen. Diese einfach oder über Kreuz mit einem Einschnitt versehen, dann gehen sie besser auf.

5. Sesam über die ungebackenen Brötchen streuen. Wer es knuspriger möchte, kann sie vorher mit etwas Eiweiß bepinseln.

6. In den Ofen schieben und ungefähr 30 bis 40 Minuten backen. Währenddessen den Ofen nicht öffnen. Nicht erschrecken, wenn der Käse aus den Brötchen herausquillt. Das ist genau so gewollt.

7. Wenn die Oberfläche goldbraun ist, sind die Brötchen fertig. Aus dem Ofen nehmen und etwas abkühlen lassen. Am besten noch warm servieren.

NUTELLA-KOKOS-PANCAKES

ZUTATEN
(FÜR 2 PORTIONEN, ETWA 5-6 PANCAKES)

90 ml	Kokosmilch oder Vollmilch
50 g	Frischkäse
1 TL	Nutella (ca. 18 g)
1	großes Ei
1 TL	Vanilleextrakt
1 TL	Kakao (min. 70 % Kakaogehalt)
30 g	Schoko-Proteinpulver
1 TL	Backpulver
15 ml	Kokosöl
	frische Früchte (optional, z.B. Banane, Erdbeeren oder Melone)
	etwas Kokosraspeln zum Garnieren

ANLEITUNG

1. Kokosmilch (alternativ kann auch normale Vollmilch verwendet werden) mit Frischkäse, Nutella, Ei, Vanilleextrakt, Kakao, Protein- und Backpulver in eine Schüssel geben und mit einem Küchengerät verrühren, bis eine dickflüssige Schokomasse entsteht.

2. Ein wenig von dem Kokosöl in einer kleinen bis mittelgroßen Pfanne auf mittlerer Stufe erhitzen und den Teig mit einer Schöpfkelle in die Pfanne geben. Eine Schöpfkelle ergibt etwa einen Pancake. Wichtig: Die Hitze sollte nicht höher eingestellt werden. Bei zu starker Hitze verbrennt der Pancake, bevor man ihn richtig wenden kann.

3. Den Vorgang wiederholen, bis kein Teig mehr übrig ist. Der Teig ergibt etwa fünf bis sechs kleine Pancakes. Alle nacheinander in der Pfanne braten und auf einem Teller stapeln.

4. Optional mit frischen Früchten anrichten.

5. Vor dem Servieren Kokosraspeln über die Pancakes streuen. Auf zwei Teller aufteilen oder zusammen von einem Teller essen.

5 Min VORBEREITUNG | **10** Min KOCHEN | **Einfach** SCHWIERIGKEIT

EW 18.5g **F** 20g **KH** 10g **Kcal** 294

VEGGIE

OMELETTE-POWERFRÜHSTÜCK

ZUTATEN (FÜR 2 PORTIONEN)

2	Frühlingszwiebeln
1	kleine Zwiebel
4	Kirschtomaten
2	Champignons
20 g	Käse (z.B. Butterkäse oder Gouda)
4	Eier
20 ml	Milch (Fettgehalt 1,5 %) etwas Salz, Pfeffer
60 g	Bacon etwas Butter zum Braten

Als Beilage

Ein großes Blatt Grünkohl *oder*
die Hälfte einer Avocado *oder*
eine Scheibe Dinkel- *oder*
Vollkornbrot *oder*
einige Blätter junger Spinat
und Mandeln.

10Min VORBEREITUNG | **10**Min KOCHEN | **Mittel** SCHWIERIGKEIT

EW25g **F**28g **KH**3g **Kcal**364

ANLEITUNG

1. Frühlingszwiebeln, Zwiebel, Tomaten und Champignons klein hacken. Den Käse fein reiben. Je kleiner die Zutaten sind, desto leckerer wird das Omelette. Alles in eine Schüssel geben und zur Seite stellen.

2. Die Eier in eine andere Schüssel schlagen und die Milch dazugeben. Mit Salz und Pfeffer würzen und alles mit einer Gabel oder einem Schneebesen verquirlen. Ebenfalls beiseitestellen.

3. Eine Pfanne erhitzen und den Bacon (ohne zusätzliches Fett) hineingeben und kross anbraten. Auf Küchenpapier legen, damit das Fett etwas abtropfen kann.

4. Dieselbe Pfanne weiterverwenden. Falls der Bacon nicht genug Fett abgegeben hat, noch etwas Butter zum Braten hinzufügen. Den Herd auf mittlere bis kleine Stufe zurückstellen.

5. Das Ei in die Pfanne geben. Die Gemüse-Käse-Mischung sofort auf der Eiermasse verteilen. Mit einem Kochlöffel immer wieder kleine Löcher in die Oberfläche des Omeletts reißen, damit die noch flüssige Eiermasse nachlaufen und anbraten kann. Nach etwa 3 Minuten mit einem passenden Pfannenwender das Omelette zur Hälfte einklappen. Für eine weitere Minute in der Pfanne lassen.

6. Das Omelette aus der Pfanne nehmen und mit dem Bacon auf einen Teller geben. Als Beilage eignet sich ein Blatt Grünkohl, eine aufgeschnittene Avocadohälfte, eine Scheibe Dinkel- oder Vollkornbrot.

BROKKOLI-QUARKTASCHEN

VEGGIE

ZUTATEN (FÜR 2 PORTIONEN)

Füllung

½	Kopf Brokkoli
½	Bund Petersilie
40 g	getrocknete Tomaten (ohne Öl)
40 g	Gouda
1	Knoblauchzehe
150 g	Frischkäse (Fettgehalt 0,2 %)
	Prise Salz, Pfeffer

Teig

200 g	Magerquark
20 ml	Kokosöl
60 ml	Milch (Fettgehalt 1,5 %)
	Prise Salz
200 g	gemahlene Mandeln
20 g	Mandelmehl
1 TL	Backpulver

1	Eiklar zum Bepinseln
	etwas hellen Sesam
	etwas Mehl zum Ausrollen

25 Min VORBEREITUNG | **25** Min BACKEN | **Schwer** SCHWIERIGKEIT

EW 20g **F** 23g **KH** 6.5g **Kcal** 313

ANLEITUNG

1. Backofen auf ca. 200 °C (Ober- und Unterhitze) vorheizen. Backblech mit Backpapier auslegen und bereitstellen.

2. Den Brokkoli waschen und anschließend in Röschen aufteilen. Ca. 5 Minuten in Salzwasser kochen. Abgießen und mit kaltem Wasser abschrecken. Abkühlen lassen und klein würfeln. Petersilie und getrocknete Tomaten fein hacken. Knoblauch klein würfeln.

3. Gouda reiben, mit Knoblauch, Tomaten, Petersilie und Frischkäse vermengen und mit Salz und Pfeffer würzen. Den Brokkoli zugeben und gut vermischen.

4. Magerquark, Kokosöl, Milch und etwas Salz vermischen. Die gemahlenen Mandeln, das Mandelmehl und das Backpulver dazugeben und ordentlich verkneten. Sollte der Teig noch zu feucht sein, gemahlene Mandeln oder etwas zusätzliches Dinkelmehl hinzugeben. Den Teig ca. 20 Minuten ruhen lassen.

5. Den Teig auf einer bemehlten Arbeitsfläche zu einem ca. 20 x 30 cm großen Rechteck ausrollen und in sechs Quadrate teilen (ca. 10-12 cm Kante). Die Füllung auf eine Hälfte der Stücke geben. Den Rand mit etwas Eiweiß bestreichen. Nun die andere Hälfte des Teiges über die Füllung schlagen und die Ränder dabei zusammendrücken.

6. Die Quarktaschen mit Eiweiß bestreichen und den hellen Sesam darüber verteilen. Anschließend für ca. 25 Minuten goldbraun knusprig backen. Lecker!

CURRY-RÜHREI
MIT KREBSFLEISCH

ZUTATEN (FÜR 2 PORTIONEN)

1	rote Zwiebel
1	Knoblauchzehe
1 EL	Rapsöl
150 g	Flusskrebsfleisch
2	Eier
1 EL	Milch
je ½ TL	Curry, Salz, Pfeffer
2	Frühlingszwiebeln
2	Kirschtomaten

ANLEITUNG

1. Zwiebel und Knoblauch schälen und fein würfeln. Mit dem Öl in einer Pfanne kurz andünsten. Anschließend das Krebsfleisch dazugeben und ebenfalls anbraten. Pfanne bei mittlerer Hitze auf dem Herd lassen.

2. Die Eier in eine Schüssel schlagen, Milch dazugeben und mit Curry, Salz und Pfeffer würzen. Mit einer Gabel oder einem Schneebesen verquirlen und anschließend zu den Zwiebeln in die Pfanne geben.

3. Kurz stocken lassen und dann das Ei mit einem Kochlöffel in Stücke zupfen. Nur kurz auf der Herdplatte lassen, sonst wird das Ei zu trocken.

4. Frühlingszwiebeln und Tomaten waschen. Frühlingszwiebeln fein hacken und die Tomaten in zwei Hälften schneiden.

5. Zum Servieren eignet sich am besten eine kleine flache Tasse: Eine Tomatenhälfte in die Tasse geben und das Rührei mit dem Krebsfleisch dazugeben. Anschließend mit den gehackten Frühlingszwiebeln bestreuen. Lecker!

15 Min VORBEREITUNG | **6** Min KOCHEN | **Einfach** SCHWIERIGKEIT

EW 21g **F** 11g **KH** 6.5g **Kcal** 209

LACHS-GURKENROLLEN

ZUTATEN (FÜR 2 PORTION)

1	Gurke
	Salz
100 g	geräucherter Lachs
20 g	Frischkäse (Fettgehalt 0,2 %)
1 TL	Sojasoße
1 EL	Seealgen (optional – die Seealgen findet ihr in der Regel in jedem großen Supermarkt an der Kühltheke oder an Fisch-Frischetheken.)
8	Zahnstocher zum Befestigen

40 Min ZUBEREITUNG

Mittel SCHWIERIGKEIT

EW 12g **F** 8g **KH** 4g **Kcal** 136

ANLEITUNG

1. Gurkenende an beiden Seiten entfernen und die Gurke unter kaltem Wasser ordentlich waschen.

2. Mit einem Sparschäler der Länge nach Streifen von der Gurke schälen. Für die Menge an Lachs benötigt man ca. 8 bis 10 Streifen. Die ersten Streifen könnt ihr wegen der geringen Breite nicht verwenden. Überlegt euch, wie ihr die Reste verwenden könnt und werft sie nicht weg.

3. Die Streifen auf ein Küchentuch legen und mit Salz bestreuen. Etwa eine halbe Stunde ziehen lassen und dann mit einem weiteren Küchentuch abtupfen. So wird den Gurken Wasser entzogen.

4. Den Lachs auf einem kleinen Brett fein würfeln und dann alles in eine Schüssel geben. Frischkäse, Sojasoße und die Algen **(optional)** dazugeben und alles gut miteinander vermischen.

5. Einen Gurkenstreifen bereitlegen. Etwa einen Teelöffel von der Lachs-Frischkäse-Mischung an einem Ende der Rolle platzieren und diese dann von dieser Seite aus einrollen. Ruhig sehr fest rollen, dann halten die Rollen besser. Während des Rollens den herausquellenden Lachs mit einem Finger an der einen Seite der Rolle wieder hineindrücken. Auf der anderen Seite darf der Lachs gerne etwas herausschauen.

6. Wenn die Gurkenscheibe komplett aufgerollt ist, einen Zahnstocher hindurchschieben und das Röllchen hochkant auf einen Teller stellen. Wiederholen bis alles verbraucht ist.

LACHSRÖLLCHEN AUS PFANNKUCHENTEIG

ZUTATEN (FÜR 4 PORTIONEN)

6	Eier
200 g	Frischkäse
	Prise Salz
150 g	Kräuterquark (Fettgehalt 2,4 %)
300 g	geräucherter Lachs
1	Handvoll frische Petersilie
½ TL	Dillspitzen

ANLEITUNG

1. Ofen auf 150 °C (Ober- und Unterhitze) vorheizen. Backblech mit Backpapier auslegen und bereitstellen.

2. Eigelb und Eiklar voneinander trennen. Das Eigelb mit dem Frischkäse und einer Prise Salz vermengen. Das Eiklar zu festem Eischnee schlagen und dann vorsichtig unter die Masse heben.

3. Die Masse auf das Backblech geben und mit einem Schaber verteilen. Darauf achten, dass die Schicht nicht zu dünn wird. Anschließend für ca. 20 Minuten backen. Sobald der Rand braun wird, aus dem Ofen nehmen. Eventuell müsst ihr den Rand mit einem Messer abschneiden. Der Rand ist sehr bröselig.

4. Den Teig mit der Oberseite nach unten auf ein weiteres Backpapier stürzen und anschließend das obere Backpapier vorsichtig entfernen. Die Unterseite (liegt jetzt oben) mit Kräuterquark bestreichen und mit Lachs bedecken. Mit Dill und Petersilie bestreuen.

5. Alles vorsichtig zusammenrollen. In Frischhaltefolie wickeln und anschließend eine halbe Stunde in den Kühlschrank legen. Vor dem Servieren in Scheiben schneiden.

10 Min VORBEREITUNG | **15** Min WARTEN | **Mittel** SCHWIERIGKEIT

EW 33,5g **F** 28g **KH** 4.6g **Kcal** 404

CHIA-FRÜCHTEJOGHURT

ZUTATEN (FÜR 1 PORTION)

100 ml	Wasser
1	Schuss Mandelmilch
3 EL	Chia-Samen
½ EL	Honig
100 g	Bio-Joghurt
	Früchte nach Wahl (z. B. Blaubeeren, Birne, Mango, Trauben)
1	Blatt Minze zum Garnieren

ANLEITUNG

1. Wasser und Mandelmilch mischen.

2. Chia-Samen in die Flüssigkeit geben und verrühren. Für mindestens 15 Minuten, besser aber für 4 bis 5 Stunden oder über Nacht im Kühlschrank stehen und quellen lassen.

3. Den Honig in den Joghurt rühren und die eingeweichten Chia-Samen unterrühren. Ein paar Früchte nach Wahl darauf anrichten. Alles mit einem Blatt Minze garnieren.

VEGGIE

5 Min VORBEREITUNG | **15** Min QUELLEN | **Einfach** SCHWIERIGKEIT

EW 13.5g **F** 16.5g **KH** 24g **Kcal** 299

Nährwerte ohne Früchte/Obst.

GRÜNKOHL-AVOCADO-RÜHREI MIT TOMATEN UND FETA

ZUTATEN (FÜR 1 PORTION)

	etwas Öl
2	mittelgroße Eier
1	Schuss Milch
	Prise Salz, Pfeffer
½	Avocado
3	Cherry-Tomaten
1	Blatt Grünkohl
30 g	Feta

ANLEITUNG

1. Etwas Öl in einer Pfanne erhitzen. In der Zwischenzeit die Eier in eine Schüssel schlagen und einen Schuss Milch hinzufügen. Mit Salz und Pfeffer würzen und alles mit einer Gabel oder einem Schneebesen vermischen.

2. In die Pfanne geben und unter ständigem Rühren die stockende Eiermasse in Stücke rupfen. Nur kurz auf dem Herd lassen. Dann das Rührei auf einen Teller geben.

3. Avocado teilen, Kern und Schale entfernen. Eine Hälfte in lange Streifen schneiden. Tomaten waschen und teilen.

4. Das Blatt Grünkohl waschen, etwas zerrupfen und über das Rührei streuen. Dann die Avocado und die Tomaten ebenfalls daraufgeben.

5. Den Feta mit den Fingern zerbröseln und auf dem Teller verteilen. Ggfs. mit Salz und Pfeffer nachwürzen. Lecker!

VEGGIE

5 Min VORBEREITUNG | 5 Min KOCHEN | Einfach SCHWIERIGKEIT

EW 21g F 27g KH 6.5g Kcal 353

MITTAG

MOZZARELLA-PUTENGRATIN

ZUTATEN (FÜR 2 PORTIONEN)

150 g	Putenbrust
120 g	Mozzarella (gerieben)
2 EL	passierte Tomaten
1	Schuss Milch
30 g	Speckwürfel
	etwas Kräuter (z.B. Petersilie, Basilikum)
	Prise Salz, Pfeffer

ANLEITUNG

1. Backofen auf ca. 180 °C (Oberhitze und Umluft) vorheizen. Backblech bereitstellen.

2. Die Putenbrust kurz unter kaltem Wasser abwaschen und mit einem Küchentuch trocken tupfen. Anschließend in Stücke schneiden und in eine kleine backofenfeste Form geben.

3. Etwa 50 g vom Mozzarella und die passierten Tomaten dazu geben. Milch, Speckwürfel und Kräuter hinzufügen. Alles mit einem Löffel vermengen.

4. Den restlichen Mozzarella darübergeben und mit Salz und Pfeffer würzen. Für ca. 25 Minuten auf mittlerer Stufe backen.

6 Min
VORBEREITUNG

25 Min
BACKEN

Einfach
SCHWIERIGKEIT

EW*32g* ***F****18.5g* ***KH****2g* ***Kcal****303*

ZUCCHINI PIZZA-BITES

ZUTATEN (FÜR 2 PORTIONEN)

100 ml	passierte Tomaten
	Prise Salz, schwarzer Pfeffer
	etwas frisches Basilikum
2	kleine Zucchini
50 g	Mini-Salami oder normale Salami am Stück
80 g	Mozzarella (gerieben)
20 g	Parmesan (gerieben)

10 Min VORBEREITUNG

15 Min BACKEN

Einfach SCHWIERIGKEIT

EW 6g **F** 8g **KH** 2g **Kcal** 104

ANLEITUNG

1. Backblech mit Backpapier auslegen und den Ofen auf ca. 200 °C (Ober- und Unterhitze) vorheizen.

2. Die passierten Tomaten in eine kleine Schüssel geben und mit Salz, Pfeffer, Oregano und etwas Basilikum würzen und abschmecken.

3. Die Zucchini waschen. Anschließend der Länge nach in etwa 0,5 cm dicke Scheiben schneiden. Danach mit etwas Salz bestreuen und auf ein Küchentuch legen. Das Salz entzieht der Zucchini das Wasser. Nach etwa 10 Minuten kann man es abtupfen.

4. Die Salami klein hacken.

5. Die Zucchini-Scheiben abtupfen und auf das Backblech legen. Die Tomatensoße auf den Zucchini-Scheiben verteilen. Etwas Platz zum Rand lassen. Anschließend den Käse darüberstreuen, diesmal bis zum Rand, um die Tomatensoße später am Auslaufen zu hindern.

6. Die gehackte Salami auf dem Käse verteilen.

7. Für mindestens 15 Minuten im Ofen überbacken. Wenn der Käse goldbraun ist, herausnehmen und direkt warm servieren.

GYROS-SCHÜTTELPIZZA

ZUTATEN (FÜR 2 PORTIONEN)

	etwas Öl zum Einfetten
3	Eier
60 g	Zucchini
80 g	Kirschtomaten
40 g	rote Paprika
125 g	Gouda (gerieben)
200 g	körniger Frischkäse (Fettanteil unter 1 %)
30 g	Kokosmehl oder Mandelmehl
150 g	Gyros
	Prise Salz, Pfeffer
½ TL	Currypulver
½ TL	Chilipulver
	etwas Dill
	etwas Rucola
	ein paar Oliven

ANLEITUNG

1. Den Backofen auf 200 °C (Umluft) vorheizen. Ein Backblech mit etwas Öl einfetten, damit sich die Pizza später besser vom Blech löst.

2. Die Eier in eine Schüssel geben und ordentlich vermengen. Zucchini, Tomaten und Paprika in sehr feine Würfel schneiden und in die Schüssel geben. Beiderlei Käse und Kokos- oder Mandelmehl dazu geben, mit Salz, Pfeffer, Curry- und Chilipulver würzen und alles nochmals vermischen.

3. Die Masse auf das Backblech geben und verteilen. Das Gyros gleichmäßig darüber verteilen und noch etwas Dill darübergeben.

4. Ca. 30 Minuten im Ofen backen. Je nach Optik auch etwas länger oder kürzer.

5. Oliven in feine Scheiben schneiden und eine Handvoll Rucola waschen. Beides auf die fertige Pizza geben.

20Min VORBEREITUNG | **30**Min BACKEN | **Einfach** SCHWIERIGKEIT

EW58g **F**33g **KH**8g **Kcal**561

CURRY-PUTENPFANNE MIT RUCOLA UND GEMÜSE

ZUTATEN (FÜR 2 PORTIONEN)

100 ml	Wasser
1 TL	Currypulver
	ein Schuss Milch
1 EL	Mandel- oder Kokosmehl
	Prise Salz, Pfeffer
300 g	Putenbrustfilet
2	Frühlingszwiebeln
1	rote Paprika
10 ml	Rapsöl
	ein Bund Rucola

5Min VORBEREITUNG

10Min KOCHEN

Einfach SCHWIERIGKEIT

EW36g **F**10g **KH**12,5g **Kcal**284

ANLEITUNG

1. Zunächst eine Currysoße zubereiten: Dafür das Wasser in einer Pfanne oder einem Topf aufkochen lassen. Currypulver dazugeben und ständig umrühren, damit sich keine Klumpen bilden. Mit einem Schuss Milch ablöschen. Damit die Soße etwas dickflüssiger wird, das Mandel- oder Kokosmehl einrühren. Erneut aufkochen lassen und mit Salz und Pfeffer würzen und abschmecken.

2. Anschließend Putenfleisch waschen und trocken tupfen. Dann in kleine Stücke schneiden. Paprika und Frühlingszwiebeln ebenfalls waschen und klein schneiden.

3. Öl in einer Pfanne erhitzen und die Frühlingszwiebeln eine Minute darin andünsten. Dann das Fleisch hinzugeben. Ca. 5 Minuten anbraten, bis das Fleisch leicht braun ist. Dann die Paprika zufügen und ca. eine weitere Minute braten. Dabei gut durchrühren. Am Ende die Currysoße unterrühren.

4. Die Pfanne vom Herd nehmen. Rucola waschen und klein schneiden. In die Pfanne geben und vorsichtig vermengen.

ZUCCHINI-LASAGNE

VEGGIE

ZUTATEN (FÜR 2 PORTIONEN)

1 TL	Olivenöl zum Einfetten
250 g	Zucchini
80 g	Parmesan (gerieben)
200 g	Quark
1	Ei
	Prise Salz, Pfeffer
	ein Bund Basilikum
	etwas Cayennepfeffer, Chili (optional)
1 TL	Pinienkerne
	etwas Semmelbrösel

10 Min VORBEREITUNG · **10** Min KOCHEN · **Mittel** SCHWIERIGKEIT

EW 36g **F** 28g **KH** 6.5g **Kcal** 422

ANLEITUNG

1. Backofen auf 175°C vorheizen (Ober- und Unterhitze) und eine kleine Auflaufform (Durchmesser ca. 15 cm) mit Olivenöl ausstreichen.

2. Die Zucchini der Länge nach in dünne und lange Scheiben schneiden. Einige Scheiben quer schneiden, um die Lasagne damit später zu bedecken.

3. Etwa ein Viertel des Parmesans beiseitestellen. Den Rest mit Quark und Ei verrühren und gut mit Salz und Pfeffer würzen. Anschließend das Basilikum waschen, fein schneiden und unterrühren. Wer es pikanter mag, kann mit Cayennepfeffer und Chilipulver würzen.

4. Die länglichen Zucchinischeiben und die Quarkmasse abwechselnd schichten. Bei einer runden Form sollte die Zucchini entsprechend zugeschnitten werden. Die Schichten mit Salz und Pfeffer würzen.

5. Lasagne mit einer Schicht Quarkmasse abschließen. Mit den kleinen, runden Zucchinischeiben abdecken und die Pinienkerne, den übrigen Parmesan und die Semmelbrösel darauf verstreuen.

6. Alles bei 175°C für mindestens 40 Minuten backen. Nach dem Herausnehmen etwas abkühlen lassen.

SOJA-FETA

MIT GESCHMORTEM MANGOLD

ZUTATEN (FÜR 2 PORTIONEN)

2	Frühlingszwiebeln
200 g	Feta
15 ml	Sojasoße
400 g	Mangold
1	mittelgroße Zwiebel
2	Knoblauchzehen
10 ml	Olivenöl
	Prise Salz, Pfeffer
35 g	Pinienkerne

VEGGIE

15 Min VORBEREITUNG

20 Min BACKEN

Mittel SCHWIERIGKEIT

EW 28g **F** 38g **KH** 6.5g **Kcal** 480

ANLEITUNG

1. Backofen auf 200 °C (Umluft) vorheizen. Backblech mit Backpapier auslegen und bereitstellen.

2. Frühlingszwiebeln putzen und klein schneiden. Den Feta halbieren und jede Hälfte auf ein Stück Alufolie legen. Anschließend beide Hälften pfeffern und mit Frühlingszwiebeln bestreuen und je etwa 1-2 EL Sojasoße darüber gießen.

3. Die Folie oben zusammenfalten, die zwei Pakete auf das Backblech legen und für ca. 20 Minuten in den vorgeheizten Ofen schieben.

4. In der Zwischenzeit den Mangold waschen und putzen. Anschließend die Stiele abschneiden, in kleine Stücke schneiden und in kochendes Wasser geben. Nach etwa 2 Minuten die Blätter hinzugeben. Wenn der Mangold etwa auf die Hälfte seines Volumens zusammengeschrumpft ist, aus dem Topf nehmen und abtropfen lassen.

5. Zwiebeln und Knoblauch klein schneiden. Olivenöl in eine Pfanne geben und Zwiebeln und Knoblauch darin kurz scharf anbraten, dann die Hitze reduzieren und den Mangold nochmals dazugeben. Weitere zehn Minuten dünsten. Mit Salz und Pfeffer würzen. Auf einem Teller anrichten.

6. Feta aus der Folie nehmen und ebenfalls auf den Teller geben. Pinienkerne ohne Öl in einer Pfanne kurz anrösten und über dem Teller verstreuen.

PUTEN-CHAMPIGNONS-PFANNE

ZUTATEN (FÜR 1 PORTION)

200 g	Putenbrustfilet
2	Frühlingszwiebeln
1	Karotte
5	Champignons
10 ml	Rapsöl
1 TL	Dill-Senf
	Prise Salz, Pfeffer
1	kleiner Bund Rucola
	etwas Balsamicocreme zum Garnieren

ANLEITUNG

1. Putenfilet waschen und trocken tupfen. Dann in kleine Stücke schneiden und zur Seite stellen.

2. Die Frühlingszwiebeln waschen und klein schneiden. Die Karotte schälen, zweimal längs halbieren und dann in kleine Stücke schneiden. Die Pilze putzen und in sehr feine Scheiben schneiden.

3. Das Öl in einer Pfanne erhitzen, das Fleisch dazugeben und scharf anbraten. Mit Salz und Pfeffer würzen. Nach ein paar Minuten die Frühlingszwiebeln, Pilze und Karotten dazugeben und weiter braten. Falls der Fleischsaft nicht ausreicht, um das Gemüse zu garen, noch einen Schuss Wasser dazugeben und aufkochen lassen. Auf mittlerer Stufe etwas köcheln lassen, damit die Karotten am Ende nicht zu fest sind.

4. Dill-Senf dazugeben und alles mit Salz und Pfeffer abschmecken. Dann die Pfanne vom Herd nehmen.

5. Den Rucola kurz abwaschen, noch leicht feucht in die Pfanne geben und vorsichtig unterheben.

6. Vor dem Servieren noch etwas Balsamicocreme über den Teller geben.

10Min
VORBEREITUNG

10Min
KOCHEN

Einfach
SCHWIERIGKEIT

EW50g **F**13g **KH**3g **Kcal**329

ZUCCHINI-FETA-KÜCHLEIN

ZUTATEN (FÜR 2 PORTIONEN)

2	Zucchini
	Salz
2	Eier
½	Zwiebel
160 g	Feta
	Prise Salz, Pfeffer
50 g	Mandelmehl
15 ml	Kokosöl

VEGGIE

30 Min VORBEREITUNG

10 Min KOCHEN

Mittel SCHWIERIGKEIT

EW 13g **F** 11g **KH** 3g **Kcal** 163

ANLEITUNG

1. Die Zucchini mit einem Spiralschneider in dünne Streifen schneiden und anschließend so in einem Küchentuch ausdrücken, dass möglichst viel Wasser ausgepresst wird. Offen ausbreiten, mit Salz bestreuen und etwa eine halbe Stunde ruhen lassen. Das Salz entzieht die restliche Flüssigkeit.

2. Die beiden Eier in einer Schüssel aufschlagen. Die halbe Zwiebel fein hacken und den Feta per Hand zerbröseln oder mit einem Messer in kleine Würfel schneiden.

3. Die Zucchini-Streifen in eine Schüssel geben und die Eier, die Zwiebeln und das Mandelmehl dazugeben. Alles ordentlich vermischen. Den Feta vorsichtig unterheben, sodass die Fetawürfel ganz bleiben.

4. Aus der Masse mit den Händen kleine Küchlein formen. Ich mag die Küchlein wirklich klein (etwa 5 cm Durchmesser). Aber das könnt ihr nach Belieben aufteilen.

5. Das Kokosöl in einer Pfanne erhitzen. Die Zucchini-Feta-Küchlein darin platzieren und so lange anbraten, bis die eine Seite knusprig und braun geworden ist. Dann wenden und die andere Seite anbraten. Anschließend auf einem Küchentuch abtropfen lassen. Bei größeren Mengen die fertigen Küchlein bis zum Servieren im Ofen warm halten.

GEBRATENE STEINPILZE AUF ROTE-BETE-CARPACCIO

ZUTATEN (FÜR 2 PORTIONEN)

4	mittelgroße Rote Beten
½	Bund Petersilie
2 EL	neutrales Öl (z.B. Rapsöl)
1 EL	Essig (z.B. Weinessig)
	Prise Meersalz, schwarzer Pfeffer
150 g	Steinpilze
20 g	Butter
1	Zweig Rosmarin
50 g	Feta

VEGGIE

20Min VORBEREITUNG

30Min KOCHEN

Mittel SCHWIERIGKEIT

EW6g **F**14g **KH**9g **Kcal**186

ANLEITUNG

1. Die Roten Beten in ausreichend Wasser zum Kochen bringen (die Kugeln sollten vom Wasser bedeckt sein) und für ca. 30 Minuten kochen, bis sie gar ist.

2. Nach dem Kochen etwas abkühlen lassen, dann schälen und in hauchdünne Scheiben schneiden. **Tipp:** Das geht am besten mit einer Gemüseraspel. (Achtung: auf die Finger aufpassen!)

3. Petersilie waschen und klein hacken. Öl und Essig in eine Tasse geben und mit Salz und Pfeffer würzen. Anschließend die Petersilie dazugeben und vermischen.

4. Die Rote-Bete-Scheiben kreisförmig auf dem Teller verteilen, bis der gesamte Teller mit Roter Bete bedeckt ist. Das Dressing mit einem Löffel über die Teller verteilen.

5. Pilze putzen und in Scheiben schneiden (gegebenenfalls vorher einweichen, falls es getrocknete Steinpilze waren – frisch schmeckt es aber auf jeden Fall besser!). Die Butter in einer Pfanne zerlaufen lassen. Die Pilze und den Zweig Rosmarin dazugeben und von beiden Seiten anbraten.

6. Die Pilze auf der Roten Bete anrichten und den Feta mit den Händen über dem Teller zerbröseln. Nochmals mit etwas Pfeffer nachwürzen.

GEFÜLLTE PAPRIKA MIT EI
UND ZUCCHINI-NUDELN

ZUTATEN (FÜR 2 PORTIONEN)

2	rote Paprika
2	Eier
1	Karotte
1	frische Tomate oder
1 EL	passierte Tomaten
	Prise Salz, Pfeffer
50 g	Parmesan
2 EL	Frischkäse
2 EL	Magerquark
1	Zucchini
1	Schuss Olivenöl

VEGGIE

5 Min VORBEREITUNG

30 Min BACKEN

Mittel SCHWIERIGKEIT

EW 23g **F** 13g **KH** 11g **Kcal** 253

ANLEITUNG

1. Backofen vorheizen auf 180 °C (Ober- und Unterhitze). Backblech mit Backpapier auslegen und bereitstellen.

2. Die Paprika am Strunk aufschneiden und aushöhlen. Anschließend waschen. Sollte die Paprika nicht stehen, den Boden gerade abschneiden. Dabei darauf achten, dass die Paprika unten dicht bleibt, sonst läuft die Eiermasse im Ofen aus.

3. Die Eier in eine Schüssel geben. Die Karotte waschen und klein hacken, anschließend zum Ei geben. Die Tomate in kleine Stückchen schneiden und untermischen. Wer anstelle von frischen passierte Tomaten hat, gibt etwa 1 EL davon hinzu. Ordentlich salzen und pfeffern, anschließend den Großteil des Parmesans in die Eiermasse hobeln. Je einen Esslöffel Frischkäse und Magerquark dazu und ordentlich durchmengen.

4. Die ausgehöhlten Paprika auf dem Backblech platzieren und mit der Eimasse befüllen. Für ca. 30 Minuten in den vorgeheizten Backofen stellen.

5. Die Zucchini mit einem Spiralschneider in Streifen schneiden und in eine kleine Schüssel füllen. Mit Salz und Pfeffer und einem Schuss Olivenöl durchmengen.

6. Den Zucchini-Salat auf die Paprika geben, noch etwas geriebenen Parmesan darüberstreuen und servieren.

BROKKOLI-PILZ-FETA-GRATIN

ZUTATEN (FÜR 1 PORTION)

150 g	Brokkoli
60 g	Champignons
30 g	Feta
60 g	Mozzarella (gerieben)
	Prise Salz, Pfeffer

ANLEITUNG

1. Backofen auf ca. 180 °C (Umluft oder Oberhitze) vorheizen.

2. Brokkoli vom Strunk entfernen und in kleine Röschen schneiden. Champignons putzen und halbieren.

3. Salzwasser in einem Topf zum Kochen bringen. Brokkoli und Champignons ins kochende Wasser geben und die Hitze reduzieren. Etwa fünf bis sechs Minuten garen lassen, dann mit kaltem Wasser abschrecken. Das Gemüse sollte noch sehr knackig sein, im Ofen gart es dann durch.

4. Feta mit der Hand zerbröseln oder mit einem Messer klein schneiden. Den Feta und die Hälfte vom geriebenen Käse in eine kleine Auflaufform (ca. 15 cm Durchmesser) geben.

5. Das Gemüse darüber verteilen und mit dem übrigen Käse und Feta bestreuen. Kurz mit Salz und Pfeffer würzen.

6. Alles im Ofen backen, bis der Käse verlaufen ist und braun wird. Auf mittlerer Schiene dauert das etwa 15 Minuten.

5 Min VORBEREITUNG | **25** Min KOCHEN | **Einfach** SCHWIERIGKEIT

EW 30.5g **F** 24g **KH** 6.5g **Kcal** 358

VEGGIE

JALAPEÑO-BACON-POPPERS

ZUTATEN (FÜR 2 PORTIONEN)

6	Jalapeños
30 g	Salami
30 g	Mozzarella (gerieben)
100 g	Bacon

ANLEITUNG

1. Ofen auf ca. 180 °C (Umluft) vorheizen und ein Backblech mit Backpapier auslegen und bereitstellen.

2. Die Jalapeños der Länge nach halbieren und mithilfe eines Teelöffels die Kerne und den inneren Strunk entfernen.

3. Salami fein hacken und in einer kleinen Schale mit dem geriebenen Mozzarella vermengen.

4. Die Jalapeño-Hälften mit der Salami-Käse-Mischung füllen. Dann jede Jalapeño-Hälfte mit einer Scheibe Bacon umwickeln und auf das Backblech legen.

5. Für ca. 10 bis 15 Minuten auf mittlerer Schiene backen, bis der Bacon schön kross ist. Danach kurz auf ein Küchentuch legen, damit das Fett etwas abtropfen kann.

10Min
VORBEREITUNG

15Min
BACKEN

Einfach
SCHWIERIGKEIT

EW5.5g **F**6.5g **KH**1g **Kcal**85

ZUCCHINI-PUTENPFANNE

ZUTATEN (FÜR 1 PORTION)

200 g	Putenbrust
½	Paprika
100 g	Zucchini
½	Zwiebel
10 ml	Kokosöl
	etwas Rucola
1	Handvoll frische Petersilie
	Prise Salz, Pfeffer

ANLEITUNG

1. Putenbrust unter kaltem Wasser abspülen und anschließend trocken tupfen. In kleine Stücke schneiden.

2. Paprika und Zucchini waschen. Paprika entkernen und klein würfeln. Die Zucchini zuerst in Scheiben schneiden und diese dann vierteln. Zwiebel hacken.

3. Das Kokosöl in einer Pfanne erhitzen und die Zwiebel darin glasig werden lassen. Dann die Putenbrust dazugeben und anbraten. Nach ein paar Minuten das Gemüse dazugeben und nochmal ein paar Minuten andünsten. Mit Salz und Pfeffer würzen.

4. Eine Handvoll Rucola klein schneiden und zusammen mit etwas frischer Petersilie kurz vor dem Servieren in die Pfanne geben. Mit Salz und Pfeffer abschmecken. Auf Tellern anrichten und mit Rucola garnieren.

10 Min VORBEREITUNG | **10** Min KOCHEN | **Einfach** SCHWIERIGKEIT

EW 51g **F** 14g **KH** 9g **Kcal** 366

HÄHNCHEN-GESCHNETZELTES MIT RUCOLA UND ROSENKOHL

ZUTATEN (FÜR 1 PORTION)

120 g	Rosenkohl
200 g	Hähnchenfilet
10 ml	Kokosöl
1	Schuss Milch
1 EL	Sojasoße
	Prise Salz, Pfeffer
1 EL	Dinkelmehl
½	Bund Rucola

ANLEITUNG

1. Wasser in einem Topf zum Kochen bringen, dann etwas salzen. Den Rosenkohl ca. 10 Minuten bei reduzierter Hitze darin garen. Danach abschütten und mit kaltem Wasser abschrecken.

2. Das Hähnchenfilet unter kaltem Wasser abwaschen und trocken tupfen. Mit einem scharfen Messer in kleine Würfel schneiden.

3. Kokosöl in einer Pfanne erhitzen, das Hähnchenfilet dazugeben und auf höchster Stufe scharf anbraten. Nach ein paar Minuten die Hitze auf mittlere Stufe zurückdrehen und mit einem Schuss Milch ablöschen. Sojasoße dazugeben und mit Salz und Pfeffer würzen. Dann unter ständigem Rühren das Dinkelmehl hinzufügen. Abschmecken und ggfs. nachwürzen. Anschließend die Pfanne vom Herd nehmen.

4. Rucola waschen und klein schneiden. Vorsichtig unter das Hähnchen-Geschnetzelte heben und alles vermengen.

5. Mit dem Rosenkohl auf einem Teller servieren.

10 Min VORBEREITUNG | **10** Min KOCHEN | **Einfach** SCHWIERIGKEIT

EW 50g **F** 14g **KH** 18g **Kcal** 398

ABEND

AUBERGINEN-PIZZEN

VEGGIE

ZUTATEN (FÜR 1 PORTION)

1	Aubergine
	etwas Tomatensoße (gekauft oder selbst gemacht)
100 g	Mozzarella (gerieben)
	Prise Salz und schwarzer Pfeffer

ANLEITUNG

1. Ofen auf etwa 170 °C (Oberhitze und Umluft) vorheizen. Backblech mit Backpapier auslegen und bereitstellen.

2. Die Aubergine in etwa 1 cm dicke Scheiben schneiden und leicht salzen und etwa eine halbe Stunde liegen lassen. Dann auf das Backblech legen und für etwa fünf Minuten backen.

3. Aus dem Ofen herausnehmen und sofort mit Tomatensoße bestreichen und mit frischem schwarzem Pfeffer würzen. Mit Mozzarella bestreuen und noch einmal für ca. 10 Minuten backen.

Tipp: Die kleinen Auberginen-Pizzen können nach Belieben mit verschiedenen weiteren Zutaten belegt werden. Super lecker! Und super passend als Häppchen für Partys.

30 Min VORBEREITUNG | **15** Min BACKEN | **Einfach** SCHWIERIGKEIT

EW 21g **F** 23g **KH** 13g **Kcal** 343

PUTEN-TOFU-SCHIFFCHEN

ZUTATEN (FÜR 2 PORTIONEN)

200 g	Putenfilet
2	Champignons
100 g	geräucherter Soja-Tofu
2 EL	Sojasoße
1	Paprika
1 EL	Leinöl
1	Handvoll frische Petersilie
½ TL	Dillspitzen
	Prise Salz, Pfeffer
4	Blätter Chinakohl

15 Min VORBEREITUNG · **10** Min KOCHEN · **Einfach** SCHWIERIGKEIT

EW 31g **F** 11g **KH** 2g **Kcal** 234

ANLEITUNG

1. Putenfleisch kurz mit kaltem Wasser abwaschen und trocken tupfen. Anschließend in kleine Stücke schneiden.

2. Champignons putzen und ebenso wie den Tofu würfeln. Beides mit dem Fleisch in eine Schüssel geben, die Sojasoße hinzufügen und alles vermengen. Die Schüssel etwa 10 Minuten stehen lassen.

3. In der Zwischenzeit die Paprika waschen, entkernen und in kleine Würfel schneiden. Leinöl in einer Pfanne auf höchster Stufe erhitzen.

4. Sobald das Öl sehr heiß ist, die Puten-Tofu-Pilz-Mischung in die Pfanne geben und sofort durchrühren. Alles für ca. 5 Minuten scharf anbraten. Anschließend die Paprika dazugeben und die Hitze auf mittlere Stufe herunterstellen. Dann mit Petersilie, Dill, Salz und Pfeffer abschmecken.

5. Die Chinakohlblätter waschen und den unteren Strunk entfernen. Je zwei Blätter zu einem Schiff zusammenlegen und mit dem Inhalt der Pfanne befüllen. Mit Petersilie garnieren.

KÜRBIS-POMMES MIT SALAT

ZUTATEN (FÜR 3 PORTIONEN)

½	Hokkaido-Kürbis
5 EL	Olivenöl
	Prise Meersalz, schwarzer Pfeffer
150 g	Feldsalat
150 g	Radicchio
2 TL	Honig
3 EL	Balsamicoessig
30 g	Walnüsse
50 g	Feta

VEGGIE

15 Min VORBEREITUNG

40 Min BACKEN

Mittel SCHWIERIGKEIT

EW 7g **F** 17g **KH** 12g **Kcal** 229

ANLEITUNG

1. Backofen auf ca. 180 °C (Umluft) vorheizen und ein Backblech mit Backpapier auslegen und bereitstellen.

2. Den Kürbis entkernen und in Streifen schneiden. Dazu den Kürbis vierteln und die Spitzen abschneiden. Hochkant auf die Arbeitsfläche stellen und die Streifen von außen abschneiden. Auf das Backblech legen und mit etwa 1 bis 2 Esslöffel Olivenöl beträufeln. Anschließend mit Salz und Pfeffer würzen. Für ca. 30 bis 40 Minuten im Ofen backen. In der Zwischenzeit die Salate waschen.

3. Den Honig, das restliche Olivenöl und den Balsamicoessig in einer Schüssel mit einem Schneebesen vermischen. Den Salat mit der Hand zerrupfen und in die Schüssel geben.

4. Die Walnüsse kurz in einer Pfanne ohne Fett rösten. Feta und Walnüsse mit der Hand über dem Salat zerbröseln. Zusammen mit den leckeren Kürbis-Sticks servieren.

CHIA-SCHOKOLADENMOUSSE

ZUTATEN (FÜR 4 PORTIONEN)

50 g	dunkle Schokolade (mindestens 80 % Kakaoanteil)
30 g	Chia-Samen
1	Banane
150 ml	Kokosmilch

ANLEITUNG

1. Die Schokolade grob brechen. Die Chia-Samen und die Schokoladenstücke in einem Mixer klein mahlen.

2. Banane und Kokosmilch hinzufügen und erneut mixen.

3. Die Masse in vier kleine Schüsseln abfüllen und mindestens für 30 Minuten im Kühlschrank ziehen lassen, bis die Masse richtig fest geworden ist. Gekühlt servieren, zum Beispiel als Dessert.

30 Min VORBEREITUNG | **10** Min KOCHEN | **Einfach** SCHWIERIGKEIT

EW 4g **F** 15g **KH** 12.5g **Kcal** 201

VEGAN

Überbackene Tomaten mit
Hähnchen-Bacon-Rolle

ZUTATEN (FÜR 3 PORTIONEN)

80 g	Zucchini
200 g	Gouda
400 g	Hähnchenfilet
200 g	Bacon
	Prise schwarzer Pfeffer
3	frische Tomaten
	etwas Petersilie zum Garnieren

15 Min VORBEREITUNG | **20** Min BACKEN | **Schwer** SCHWIERIGKEIT

EW 58g **F** 35g **KH** 8g **Kcal** 579

ANLEITUNG

1. Backofen auf ca. 200 °C (Oberhitze und Umluft) vorheizen. Backblech mit Backpapier auslegen und bereitstellen.

2. Zucchini waschen und in lange, dünne Scheiben schneiden. Das Filet kurz unter kaltem Wasser abwaschen und trocken tupfen. Anschließend ebenfalls in lange, dünne Streifen schneiden. Den Gouda ebenfalls in Scheiben schneiden.

3. Die Hälfte des Bacons leicht überlappend auf dem Backblech auslegen, so dass eine rechteckige Fläche entsteht. Anschließend etwa die Hälfte der Hähnchen-, Zucchini- und Käsescheiben auf den Bacon legen und mit etwas schwarzem Pfeffer bestreuen. Salz wird nicht benötigt, da der Bacon salzig genug ist. Anschließend den Bacon mit der Füllung zu einer Rolle formen. Alles mit der zweiten Hälfte Bacon wiederholen. Etwas Käse übrig behalten.

4. Die Tomaten waschen und oben aufschneiden, mit dem übrigen Käse bedecken und mit den Bacon-Rollen auf das Backblech geben. Dieses auf oberster Schiene in den Ofen schieben und alles für ca. 20 Minuten backen. Falls der Bacon zu knusprig wird, das Blech kurz herausholen und die Rolle mit zwei Gabeln wenden. Anschließend weiterbacken.

5. Aus dem Ofen nehmen und die Rollen in kleine Häppchen schneiden. Zusammen mit einer überbackenen Tomate auf einem Teller anrichten und mit etwas Petersilie bestreuen.

CHICKEN KORMA CURRY

ZUTATEN (FÜR 2 PORTIONEN)

1	Zwiebel
1	kleine Zucchini
1	gelbe Paprika
400 g	Hähnchenfilet
20 ml	Olivenöl
	etwas Milch (oder Kokosmilch)
1 TL	Mehl zum Anbinden
je ½ TL	Currypulver, Curcuma, Salz, Pfeffer, Chilipulver
1	Handvoll frische Petersilie
½ TL	Dillspitzen
	etwas Mandelsplitter zum Garnieren

ANLEITUNG

1. Zwiebel klein würfeln. Zucchini und Paprika waschen und klein schneiden. Das Hähnchen mit kaltem Wasser abwaschen und trocken tupfen. In Stücke schneiden.

2. Olivenöl in einer Pfanne erhitzen und die Zwiebeln darin andünsten. Das Fleisch dazugeben und ein paar Minuten anbraten. Anschließend das Gemüse zufügen.

3. Mit Currypulver, Curcuma, Salz, Pfeffer und Chilipulver würzen und mit einem guten Schuss Milch ablöschen. Das Mehl hinzufügen und kurz aufkochen lassen. Dabei ständig umrühren. Gegebenenfalls noch einen Schuss Wasser hinzufügen. Abschmecken und gegebenenfalls nachsalzen. Zum Schluss die Kräuter dazugeben und die Pfanne vom Herd nehmen.

4. Auf einem Teller anrichten und mit weißen Mandelsplittern bestreuen. Guten Appetit!

10Min VORBEREITUNG | **10**Min KOCHEN | **Einfach** SCHWIERIGKEIT

EW48g **F**13g **KH**12g **Kcal**357

FLAMMKUCHEN

ZUTATEN (FÜR 2 PORTIONEN)

2	Eier
150 g	Gouda (gerieben)
120 g	Speisequark (Fettanteil 20%)
1 TL	Mandelmehl
60 g	Crème Fraîche (natur oder mit Kräutern)
2-3	Frühlingszwiebeln
50 g	Speckwürfel

15 Min
VORBEREITUNG

30 Min
BACKEN

Mittel
SCHWIERIGKEIT

EW 32g **F** 35g **KH** 4g **Kcal** 459

ANLEITUNG

1. Den Backofen auf 180 °C (Umluft) vorheizen. Ein Backblech mit Backpapier auslegen und bereitstellen.

2. Für den Quarkboden die Eier und etwa die Hälfte des Goudas in eine Schüssel geben und mit dem Speisequark verrühren. Das Mandelmehl hinzufügen und alles vermengen. Die Teigmasse auf das mit Backpapier ausgelegte Backblech kippen und glattstreichen.

3. Für ca. 15 Minuten auf mittlerer Schiene backen. Nicht erschrecken, wenn sich die ein oder andere Blase im Teig bildet und groß wird. Sie werden später einfach wieder eingedrückt.

4. Frühlingszwiebeln in feine Ringe schneiden.

5. Das Backblech herausnehmen, den Teigboden mit Crème fraîche bestreichen und mit Speckwürfeln, Frühlingszwiebeln und dem restlichen Gouda bestreuen.

6. Alles für weitere 15 bis 20 Minuten backen. Danach herausnehmen und kurz abkühlen lassen. Am besten mit einem Pizzaroller in kleine Häppchen schneiden und auf einem passenden Holzbrett servieren.

ÜBERBACKENE TOMATEN MIT
ZUCCHINI-CHIPS

ZUTATEN (FÜR 2 PORTIONEN)

1	große Zucchini
10 g	Parmesan (gerieben)
2	Tomaten
	Prise Salz, Pfeffer
75 g	Mozzarella
2	Zweige Basilikum
1 EL	Weinessig

VEGGIE

10 Min
VORBEREITUNG

20-45 Min
BACKEN

Mittel
SCHWIERIGKEIT

EW 13.5g **F** 9g **KH** 7.5g **Kcal** 131

ANLEITUNG

1. Die Zucchini waschen und mit einem Gemüsehobel in feine Scheiben hobeln. Alternativ mit einem Messer in dünne Scheiben schneiden, etwa in der Dicke von Kartoffelchips.

2. Die Scheiben auf ein Küchentuch legen und leicht mit Salz bestreuen. Das Salz entzieht den Zucchinischeiben Wasser. Mindestens 20 Minuten ziehen lassen, dabei regelmäßig abtupfen. Nach dem Trocknen in einer Schüssel mit einem Esslöffel Weinessig vermischen.

3. In der Zwischenzeit den Ofen auf ca. 110 °C (Umluft) vorheizen und ein oder zwei Backbleche mit Backpapier auslegen. Die Zucchinischeiben einzeln auf den Backblechen verteilen und noch etwas geriebenen Parmesan darüberstreuen. In den Ofen schieben.

4. Die Backzeit kann zwischen 15 und 45 Minuten liegen, je nach Dicke der Scheiben. Sobald die Scheiben braun werden, aus dem Ofen nehmen und direkt vom Backpapier lösen. Abkühlen lassen.

5. Die Tomaten teilen. Mit Salz und Pfeffer würzen und mit einer Scheibe Mozzarella belegen. Im Anschluss an die Chips in den Ofen stellen und so lange backen, bis der Käse verlaufen ist. Die Temperatur des Ofens dabei auf Maximum stellen.

6. Tomaten mit Basilikum garnieren und dann zusammen mit den Chips servieren. Chips zum Beispiel in einer leeren Avocadoschale anrichten.

APRIKOSEN-TOMATENSUPPE

ZUTATEN (FÜR 4 PORTIONEN)

25 g	Mandelsplitter
1 kg	Tomaten
1	Zwiebel
½	Chilischote
40 g	Ingwer
5	Stiele Zitronengras
15 ml	Olivenöl
500 ml	Gemüsebrühe
	Prise Salz, Pfeffer
1 TL	brauner Zucker
300 g	Aprikosen
	etwas Koriander

VEGGIE

15 Min VORBEREITUNG

20 Min KOCHEN

Einfach SCHWIERIGKEIT

EW 4g **F** 4g **KH** 14g **Kcal** 108

ANLEITUNG

1. Die Mandelsplitter in einer Pfanne ohne Fett kurz bei hoher Hitze rösten und anschließend zur Seite stellen.

2. Tomaten blanchieren und schälen, danach grob hacken. Die Zwiebel, die Chilischote, den Ingwer und die Zitronengrasblätter fein hacken.

3. Das Öl in einem Topf erhitzen und Zwiebeln, Chili, Ingwer und Zitronengras andünsten. Wenn die Zwiebeln glasig geworden sind, die Tomaten dazugeben und kurz auf gleicher Hitze mitdünsten.

4. Mit Gemüsebrühe ablöschen. Den Topf abdecken und bei mittlerer Hitze ca. 15 Minuten kochen lassen.

5. In der Zwischenzeit die Aprikosen entsteinen und das Fruchtfleisch in kleine Schnitze oder Würfel schneiden.

6. Die Suppe pürieren und danach durch ein Sieb passieren. Anschließend mit Salz, Pfeffer und braunem Zucker abschmecken. Die Aprikosenstücke dazugeben. Vor dem Servieren mit den gerösteten Mandelsplittern und Koriander bestreuen.

PAPRIKA-BACON-POPPERS

ZUTATEN (FÜR 2 PORTIONEN)

4	kleine lange Paprika
2 EL	Frischkäse
2 EL	Feta-Antipasti-Creme
30 g	Bacon
	Prise Pfeffer
½ TL	Dillspitzen

5 Min VORBEREITUNG · **20** Min BACKEN · **Einfach** SCHWIERIGKEIT

EW 10g **F** 18g **KH** 8g **Kcal** 234

ANLEITUNG

1. Backofen auf 170 °C vorheizen (Oberhitze und Umluft). Backblech mit Backpapier auslegen und bereitstellen.

2. Die Paprika waschen und halbieren. Mit einem kleinen Löffel aushöhlen und den Strunk und die Kerne entfernen.

3. In einer kleinen Schüssel den Frischkäse und die Antipasti-Creme miteinander verrühren und dann auf die Paprikahälften verteilen und glatt streichen. Den Bacon auf die Creme legen.

4. Alles aufs Backblech legen und für ca. 15 bis 20 Minuten in den Ofen schieben.

5. Vor dem Servieren ca. 5 Minuten abkühlen lassen und mit etwas Pfeffer und Dillspitzen würzen und garnieren. Die Creme ist sehr heiß.

BROKKOLI-KÄSEBÄLLCHEN

ZUTATEN (FÜR 4 PORTIONEN)

½ – ⅓	Brokkoli, je nach Größe
90 g	Mandelmehl
30 g	Leinsamenmehl
1 EL	Chia-Samen
100 g	Mozzarella (gerieben)
2 TL	Backpulver
2	mittelgroße Eier
	etwas Süßlupinenmehl (für die Panade)
150 ml	Sonnenblumenöl
	Prise Salz, Pfeffer

VEGGIE

15 Min VORBEREITUNG

10 Min KOCHEN

Mittel SCHWIERIGKEIT

EW 25g **F** 17g **KH** 7g **Kcal** 281

ANLEITUNG

1. Brokkoliröschen (es sollten ungefähr 120 g Röschen sein) abschneiden und in einer Küchenmaschine zerkleinern. Darf ruhig auch etwas gröber sein.

2. Brokkoli, Mandelmehl, Leinsamenmehl, Chia-Samen, Mozzarella und Backpulver miteinander vermischen. Gut mit Salz und Pfeffer würzen und anschließend die beiden Eier dazugeben und alles vermengen.

3. Süßlupinenmehl in eine flache Schüssel geben, damit die Brokkoli-Bällchen darin gewendet werden können.

4. Mit zwei Esslöffeln Nocken aus dem Teig formen. Direkt in das Süßlupinenmehl geben und darin wenden. Vor dem Frittieren sollten erst alle Bällchen geformt sein.

5. Das Öl in einen Topf geben und auf höchster Stufe erhitzen. Erst wenn das Öl richtig heiß ist, die Bällchen nacheinander mit einem Schöpfer in den Topf geben und ca. 2 bis 3 Minuten frittieren. Dabei mehrere Male wenden. Abschöpfen und auf ein Küchentuch zum Abtropfen legen. Alles wiederholen, bis alle Bällchen fertig sind.

6. Am besten direkt und noch warm mit einem Dip nach Wahl servieren.

GEBRATENER BLUMENKOHLREIS MIT GEMÜSE

VEGGIE

ZUTATEN (FÜR 2 PORTIONEN)

½	Blumenkohl
2	mittelgroße Eier
2 EL	Sesamöl
2	kleine Karotten
½	Zucchini
1 EL	Sojasoße
	etwas Koriander
	Prise Salz, Pfeffer

15 Min VORBEREITUNG **10** Min KOCHEN **Mittel** SCHWIERIGKEIT

EW 10.5g **F** 11g **KH** 7.5g **Kcal** 171

ANLEITUNG

1. Den Blumenkohl vom Strunk entfernen und die Röschen klein schneiden. Alles in einer Küchenmaschine auf die Größe von Reiskörnern zerkleinern. Wer keine Küchenmaschine hat, kann den Blumenkohl auch mit einer Reibe zerkleinern oder versuchen, ihn mit den Händen grob zu zerbröseln. Alles in eine Schüssel geben und zur Seite stellen.

2. Die zwei Eier in eine andere Schüssel schlagen und einen Esslöffel Sesamöl dazugeben. Alles gut vermischen und dann ebenfalls zur Seite stellen.

3. Karotten und Zucchini waschen und klein würfeln. Wer einen Dampfgarer hat, kann das Gemüse ca. 10 Minuten garen. Wer keinen hat, lässt es roh.

4. Sesamöl in einer Pfanne erhitzen, das Gemüse dazugeben und anbraten. Vorgegart ca. 1 Minute, roh ruhig ein paar Minuten länger anbraten und häufig durchrühren.

5. Anschließend den Blumenkohlreis dazugeben. Die Hitze reduzieren und ständig umrühren. Nach ca. 3 Minuten das Ei und die Sojasoße hinzufügen. Ein paar Blätter Koriander über den Blumenkohlreis streuen und mit Salz und Pfeffer würzen.

6. Den Herd ausschalten und das Ei kurz stocken lassen. Alles nochmals gut durchmengen und abschmecken.

Asia-Hähnchenpfanne mit Sesam

ZUTATEN (FÜR 1 PORTION)

200 g	Hähnchenbrust
3 EL	Sojasoße
1	kleine Zwiebel
2	Champignons
10 ml	Kokosöl
1 EL	Mungobohnenkeimlinge
1	Schuss Milch
1 TL	Dinkelmehl
	Prise Salz, Pfeffer
	etwas hellen Sesam

10 Min VORBEREITUNG
10 Min KOCHEN
Einfach SCHWIERIGKEIT

EW 51g **F** 13g **KH** 10g **Kcal** 358

ANLEITUNG

1. Hähnchen unter kaltem Wasser waschen und anschließend trocken tupfen. In kleine Stücke schneiden und in eine Schüssel geben. Mit der Sojasoße begießen und mit einem Löffel durchmengen. Für ca. 10 Minuten stehen lassen.

2. Die Zwiebel schälen und in kleine Ringe schneiden. Die Champignons putzen und in Scheiben schneiden.

3. Das Kokosöl in einer Pfanne erhitzen und die Zwiebeln und das Hühnchen scharf darin anbraten. Nach 2 Minuten die Champignons und die Mungobohnenkeimlinge dazugeben. Die Hitze auf mittlere Stufe reduzieren und noch ein paar Minuten köcheln lassen.

4. Mit einem Schuss Milch ablöschen und unter ständigem Rühren das Dinkelmehl zufügen, so wird die Soße etwas dickflüssiger, bleibt aber trotzdem arm an Kohlenhydraten.

5. Mit Salz und Pfeffer würzen. Achtung: Durch die Sojasoße ist alles schon sehr salzig! In einer kleinen Schüssel servieren und mit etwas frischem hellem Sesam bestreuen.

CALZONE AUS BLUMENKOHL

ZUTATEN (FÜR 3 PORTIONEN)

1	Blumenkohl
	Salz
2	mittelgroße Eier
125 g	Mozzarella (gerieben)
1 EL	Kokosmehl
	etwas Oregano
	Prise Pfeffer
	Mehl zum Ausrollen
6 EL	Tomatensoße

15 Min VORBEREITUNG
25 Min BACKEN
Mittel SCHWIERIGKEIT

EW 19g **F** 9.5g **KH** 7g **Kcal** 190

ANLEITUNG

1. Ofen auf ca. 200 °C (Oberhitze und Umluft) vorheizen und ein Backblech mit Backpapier auslegen und bereitstellen.

2. Den Blumenkohl vom Strunk entfernen und die Röschen klein schneiden. Dann mit einer Küchenmaschine auf die Größe von Reiskörnern zerkleinern. Wer keine Küchenmaschine hat, kann den Blumenkohl auch mit einer Reibe zerkleinern oder versuchen, ihn mit den Händen grob zu zerbröseln.

3. Danach abgedeckt für ca. 6 Minuten in der Mikrowelle bei voller Power garen. Alternativ in einem Dampfgarer garen. Achtung: Der Blumenkohl ist jetzt sehr heiß. Eventuell kurz abkühlen lassen. Auf ein Küchentuch geben, einwickeln und ausdrücken, um den Blumenkohl zu entwässern. Danach auf einem anderen Küchentuch ausbreiten, mit Salz bestreuen und kurz ziehen lassen, um erneut zu entwässern. Anschließend abtupfen.

4. Den Blumenkohl dann in eine Schüssel geben und mit den Eiern, vier Fünftel des Mozzarellas, dem Kokosmehl sowie Oregano, Salz und Pfeffer zu einem Teig vermengen.

5. Den Teig in sechs gleichmäßige Portionen aufteilen. Zwei kleine Calzoni ergeben am Ende eine Portion. Etwa drei Portionen des Teiges auf ein Backblech mit Backpapier legen, mit den Fingern plattdrücken und zu einem Kreis formen. Damit die Kreise schön rund werden, mit Hilfe einer kleinen Schale (ca. 10 cm im Durchmesser) ausstechen.

Tipp: Wegen der Oberhitze lieber zwei Bleche hintereinander backen als gleichzeitig.

6. Für ca. 10 Minuten backen. Danach das Blech aus dem Ofen nehmen, die Teigfladen vorsichtig wenden und dann halbseitig mit Tomatensoße bestreichen und mit dem restlichen Mozzarella belegen. Lasst aber einen kleinen Abstand zum Rand, sonst wird beim Umklappen alles aus der Calzone gedrückt. Anschließend vorsichtig einklappen. Es kann durchaus sein, dass die Mini-Calzone hinten aufplatzt. Das macht gar nichts. Einfach etwas zusammendrücken.
7. Alles für weitere 10 bis 15 Minuten backen und gegebenenfalls nach ein paar Minuten erneut wenden.
8. Vor dem Servieren etwas abkühlen lassen. Halbiert kann die Calzone einfach aus der Hand gegessen werden. Das ist auch ein toller Partysnack!

VEGGIE

BROKKOLI-CHEESE-NUGGETS

ZUTATEN (FÜR 10 NUGGETS)

300 g	Brokkoli
	Salz
1	kleine rote Zwiebel
1	Ei
100 g	Käse (gerieben)
1	Scheibe Zwieback
2 EL	Mandelmehl
	etwas Pfeffer

VEGGIE

10 *Min* VORBEREITUNG **12** *Min* BACKEN **Mittel** SCHWIERIGKEIT

EW *5.5g* **F** *2.5g* **KH** *2.5g* **Kcal** *55*

ANLEITUNG

1. Backofen auf ca. 180 °C (Umluft und Oberhitze) vorheizen. Ein Backblech mit Backpapier auslegen und bereitstellen.

2. Die Brokkoli-Röschen vom Strunk trennen und in kochendes Salzwasser geben. Mindestens 10 Minuten durchgaren, so dass der Brokkoli zart und weich ist. Nach dem Abgießen direkt mit kaltem Wasser abschrecken. So bleibt der Brokkoli länger grün. Auf einem Küchentuch ausbreiten und etwas abkühlen lassen. So trocknet er und verliert etwas Wasser.

3. Die Zwiebel schälen und in kleine feine Würfel schneiden. Brokkoli fein hacken. Beides in eine Schüssel geben und mit dem Ei und dem Käse vermengen.

4. Den Zwieback in einem frischen Küchentuch zerdrücken und die Brösel zu der Masse geben. Mandelmehl hinzufügen. Sollte die Masse noch zu klebrig sein, etwas mehr Mandelmehl hinzugeben.

5. Mit Salz und Pfeffer würzen und anschließend mit zwei Esslöffeln kleine Nuggets aus der Masse formen. Dafür die Masse wiederholt von Löffel zu Löffel schaben. Die fertigen Nuggets auf das Backblech legen.

6. Für ca. 10 bis 12 Minuten backen. Dabei immer im Auge behalten.

Tipp: Als Beilage eignet sich ein Frischkäsedip.

BACKEN

SCHOKO-QUARK-MUFFINS

VEGGIE

ZUTATEN (FÜR CA. 6-8 GROSSE MUFFINS)

2	Eier
50 g	Schoko-Proteinpulver
80 ml	Milch (Fettgehalt 1,5 %)
10 g	Kakaopulver (min. 60 % Kakaoanteil)
20 g	Kokosmehl
1 EL	Speisequark (Fettgehalt 20 %)
1 EL	Magerquark
10 g	Xylit als Zuckerersatz (siehe S. 9)
	etwas gehackte Mandeln (optional)

ANLEITUNG

1. Den Backofen auf ca. 180 °C (Ober- und Unterhitze) vorheizen. Backblech und Muffinformen bereitstellen.

2. Eier, Proteinpulver, Milch, Kakaopulver und Kokosmehl in einer kleinen Schüssel zu einem Teig vermengen. Darauf achten, dass keine Klumpen zurückbleiben.

3. Speisequark und Magerquark mit dem Xylit in einer zweiten Schüssel schaumig rühren.

4. Zuerst die Quark- und dann die Schokoladenmasse auf die Formen verteilen. Wer möchte, kann ein paar gehackte Mandeln in den Teig geben. So werden die Muffins später beim Reinbeißen schön knackig.

5. Die Muffins für mindestens 25 Minuten backen. Den Ofen während des Backens geschlossen halten. Es kann passieren, dass die Muffins oben aufplatzen und noch flüssige Schokomasse austritt. Das ist aber gar nicht schlimm – schmeckt umso leckerer!

6. Vor dem Servieren etwas abkühlen lassen.

15 Min VORBEREITUNG | **25** Min BACKEN | **Einfach** SCHWIERIGKEIT

EW 12g **F** 4g **KH** 3g **Kcal** 96

ROTE-BETE-KUCHEN MIT GRANATAPFEL

VEGGIE

ZUTATEN (FÜR 12 PORTIONEN)

4-5	Rote Beten
125 g	Butter
200 g	gemahlene Mandeln
2	Eier
	Prise Salz
200 g	Erythrit als Zuckerersatz (siehe S. 9)
2 TL	Backpulver
1	Granatapfel
100 g	Bitterschokolade (mindestens 70% Kakaoanteil)
40 g	gehackte Cashewnüsse
40 g	gehackte Mandeln
250 g	Erythrit als Puder

20 Min VORBEREITUNG · **35** Min BACKEN · **Mittel** SCHWIERIGKEIT

EW 8g **F** 25g **KH** 9g **Kcal** 293

ANLEITUNG

1. Backofen vorheizen auf 180 °C (Ober- und Unterhitze). Kuchenform bereitstellen.

2. Zwei Rote Beten in etwas Wasser kochen und das Kochwasser anschließend auffangen. Für das Topping beiseitestellen. Die Rote Beten werden nun nicht mehr benötigt, sie halten sich jedoch im Kühlschrank gut und können später für etwas anderes verwendet werden. Zum Beispiel für das Rote-Bete-Carpaccio von Seite 48.

3. Die Butter mit den gemahlenen Mandeln, den Eiern, Salz, dem Zuckerersatz und Backpulver vermengen.

4. Granatapfel vierteln und die Samen in einer Schale sammeln. Schokolade in kleine Stückchen hacken. Einige Samen des Granatapfels, Cashewnüsse und Mandeln für das Topping beiseitestellen. Die restlichen Samen und Nüsse mit der Schokolade zur Masse geben und vermischen.

5. Die frische und ungekochte Rote Bete über eine Küchenreibe schaben oder mit einem Küchengerät reiben und in die Teigmasse einrühren. Die Teigmasse anschließend in die Kuchenform geben und für ca. 35 Minuten backen.

6. Aus dem Ofen nehmen und den Kuchen für ca. 10 Minuten ruhen lassen. Zwei bis drei Teelöffel vom Saft der abgekochten roten Bete mit Erythrit als Puder zu einer Glasur verrühren und über dem Kuchen verteilen. Die übrigen Nüsse und Granatapfelsamen über den Kuchen streuen.

CHIA-EIWEISSBROT

VEGGIE

ZUTATEN (FÜR 6 PORTIONEN)

6	Eier
500 g	Magerquark
100 g	gemahlene Mandeln
100 g	Leinsamen (geschrotet)
4 EL	Chia-Samen
4 EL	Leinsamenmehl
1 Pkg.	Backpulver
10 g	Brotgewürz
1 TL	Salz
1 TL	Flohsamenschalenpulver
	etwas Haferflocken, Sesam

20 Min VORBEREITUNG

60 Min BACKEN

Mittel SCHWIERIGKEIT

EW 24g **F** 16g **KH** 5.5g **Kcal** 262

ANLEITUNG

1. Den Backofen auf 175 °C (Ober- und Unterhitze) vorheizen. Eine ca. 30 cm lange Kastenform mit Backpapier auslegen und bereitstellen.

2. Eines der Eier trennen, das Eiklar beiseitestellen. Alle anderen Zutaten, auch das Eigelb, miteinander vermengen. In die Kastenform geben. Den Teig oben glatt streichen. Ca. eine halbe Stunde ziehen lassen.

3. Anschließend das Brot für ca. 40 Minuten backen. Kurz aus dem Ofen nehmen und mit dem Eiklar bepinseln. Die Haferflocken und den Sesam darüber verstreuen. Dann nochmal für mindestens 30 Minuten backen. Das Eiweiß bräunt das Brot schön und gibt den Haferflocken und dem Sesam später Halt beim Schneiden.

Tipp: Falls das Brot nach 60 Minuten noch nicht fertig aussieht, einfach noch etwas länger im Ofen lassen.

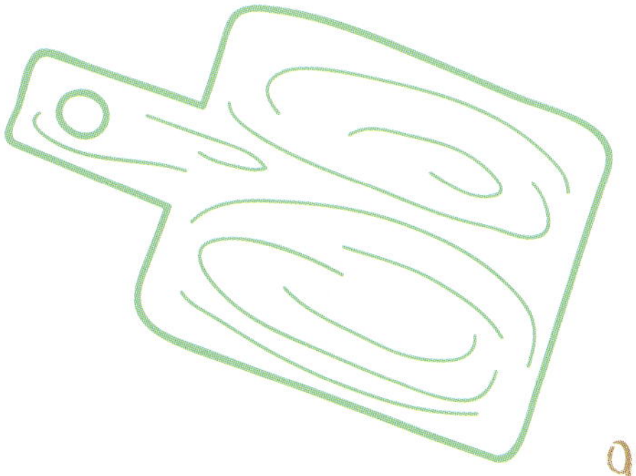

VANILLE-CHEESECAKE

ZUTATEN (FÜR 4 PORTIONEN)

280 g	Frischkäse (Fettgehalt 0,2 %)
280 g	griechischer Joghurt
50 g	Vanille-Proteinpulver
	Prise Salz
120 g	Erythrit (siehe S. 9)
1-2	Tropfen Flüssigsüße (optional)

VEGGIE

20Min VORBEREITUNG — **90**Min + **6**Std BACKEN KÜHLZEIT — **Mittel** SCHWIERIGKEIT

EW24g **F**16g **KH**5.5g **Kcal**262

ANLEITUNG

1. Backofen auf 160 °C (Ober- und Unterhitze) vorheizen. Eine Kuchenform einfetten oder mit Backpapier auslegen und bereitstellen.

2. Alle Zutaten ca. 2 bis 2 Minuten lang ordentlich verrühren. Wer es besonders süß mag, kann noch ein paar Tropfen Flüssigsüße hinzugeben.

3. Den Teig in die Kuchenform füllen. 30 bis 35 Minuten backen. Bei Ober- und Unterhitze bleibt der Kuchen saftiger.

4. Die Ofentemperatur auf ca. 90 bis 100 °C reduzieren und den Kuchen nochmal ca. 50 bis 60 Minuten backen. Wichtig dabei: Den Ofen nicht öffnen! Sonst könnte der Kuchen zusammenfallen.

5. Nach der angegeben Backzeit mit einem Zahnstocher prüfen, ob der Kuchen fertig ist. Dazu den Zahnstocher einmal in den Kuchen stecken und herausziehen. Ist er frei von Teigresten, dann ist der Kuchen fertig. Wenn noch ordentlich Teig daran klebt, will er noch ein wenig im Ofen bleiben. Die Backzeit kann je nach Kuchenform etwas variieren, deshalb sollte man den Test immer durchführen.

6. Vor dem Servieren auf Zimmertemperatur abkühlen lassen und für mindestens vier Stunden im Kühlschrank gut durchkühlen.

Tipp: Ihr könnt jedes erdenkliche Proteinpulver verwenden. Verwendet ihr zum Beispiel Schoko-Proteinpulver, wird es am Ende ein Schoko-Cheesecake!

KOKOSKUGELN MIT WEISSER SCHOKOLADE

VEGGIE

ZUTATEN (FÜR 10 PORTIONEN)

120 g	Kokos- oder Mandelmehl
50 g	gemahlene Mandeln
30 g	Vanille-Proteinpulver
50 g	Kokosraspeln
125 g	Butter (zimmerwarm)
	Prise Salz
50 g	Erythrit (siehe S. 9)
75 g	weiße Schokolade

15 Min VORBEREITUNG · **45** Min KOCHEN · **Schwer** SCHWIERIGKEIT

EW 7g · **F** 6g · **KH** 3g · **Kcal** 94

ANLEITUNG

1. Backofen auf ca. 180 °C (Ober- und Unterhitze) vorheizen und ein Backblech mit Backpapier auslegen und bereitstellen.

2. Mehl, Mandeln, Proteinpulver und Kokosraspeln in einer großen Schüssel vermischen. Die Butter in Stückchen schneiden. Salz, Butter und Xylit zur Mehlmischung geben und vermengen.

3. Den Teig mit den Händen zu etwa walnussgroßen Kugeln formen. Diese mit etwas Abstand auf dem Blech verteilen und ca. 15 Minuten auf mittlerer Schiene backen.

4. Die Kokosraspeln in einer Schüssel bereitstellen und die weiße Schokolade im Wasserbad schmelzen. Dazu die Schokolade in eine hitzebeständige Schüssel geben, Wasser in einem Topf erhitzen und die Schüssel mit der Schokolade in das Wasser tauchen. Natürlich so, dass kein Wasser in die Schüssel eindringt.

5. Die Kugeln dann mit Hilfe von zwei Teelöffeln in die flüssige Schokolade tauchen, so dass sie ganz mit Schokolade überzogen sind. Die schokoladenüberzogenen Kugeln in den Kokosraspeln wälzen oder diese bestreuen. Anschließend trocknen lassen.

6. Ich und meine Freunde lieben die Kugeln schön kalt. Dazu kann man sie, nachdem sie etwas abgekühlt sind, in den Kühlschrank oder, wenn's schnell gehen soll, ins Tiefkühlfach stellen.

MINI-MARMORKÜCHLEIN

VEGGIE

ZUTATEN (FÜR 8 PORTIONEN)

160 g	zimmerwarme Butter
180 g	Xylit (siehe S. 9)
2	Tropfen Vanillearoma
2	Tropfen Zitronenaroma
	Prise Salz
5	Eier
70 g	Dinkelmehl
140 g	Mandelmehl
50 g	neutrales Proteinpulver
2 TL	Backpulver
30 g	Kakao
	etwas pudriges Erythrit als Puderzuckerersatz (optional, siehe S. 9)

ANLEITUNG

1. Ofen auf ca. 170 °C (Umluft) vorheizen. Kleine Kuchenförmchen oder eine große Kuchenform vorbereiten und gegebenenfalls etwas einfetten.

2. Butter, Xylit, Vanille, Zitronenaroma und Salz in eine große Schüssel geben. Alles mit einem Küchengerät vermischen.

3. Beim Rühren nach und nach die Eier hinzufügen. Danach zur Seite stellen.

4. Bis auf den Kakao alle trockenen Zutaten vermischen. Dann unter die Buttermasse heben und alles vermengen, bis ein Teig entsteht.

5. Den Teig auf zwei Schüsseln verteilen. Den Kakao in eine Teighälfte einrühren.

6. Abwechselnd Teig mit und Teig ohne Kakao in kleine Kuchenformen oder eine große Form füllen und anschließend mit einer Gabel ein Muster durch den Teig ziehen, damit die Marmorierung entsteht.

7. Für ca. 45 Minuten backen. Vor dem Lösen aus der Form gut abkühlen lassen. Zum Servieren mit etwas Puderzuckerersatz überstreuen.

15 Min VORBEREITUNG | **45** Min BACKEN | **Mittel** SCHWIERIGKEIT

EW 19.5g **F** 22g **KH** 12g **Kcal** 324

MUGCAKE-GRUNDREZEPT

Für dieses Rezept braucht man eine Mikrowelle.

ZUTATEN (FÜR 1 PORTION)

1,5 EL	Kokosmehl
1 TL	Backpulver
	Prise Salz
1 EL	Erythrit (siehe S. 9)
	Füllung nach Wahl (z.B. Schokosplitter, Rosinen, Mandeln, Nüsse, Früchte)
1	großes Ei
3 EL	Milch (Fettgehalt 1,5%)
	pudriges Erythrit als Puderzuckerersatz (optional, siehe S. 9)

ANLEITUNG

1. Die trockenen Zutaten (Kokosmehl, Backpulver, Salz und Erythrit) in einer passenden Schüssel miteinander vermischen.
2. Füllung nach Wahl dazugeben. Ich habe ein paar edle Schokosplitter untergemischt. Man kann den Mugcake aber auch pur genießen.
3. Das Ei in eine große Tasse schlagen und mit der Milch verrühren.
4. Die trockene Mischung gleichmäßig einrieseln lassen und verrühren.
5. 3 Minuten bei voller Power in die Mikrowelle stellen.
6. Vor dem Servieren zum Beispiel mit etwas Puderzuckerersatz berieseln. Lecker!

2 Min VORBEREITUNG — **3** Min BACKEN — **Einfach** SCHWIERIGKEIT

EW 10.5g **F** 7g **KH** 6g **Kcal** 129

VEGGIE

MANDEL-ORANGENKUCHEN

ZUTATEN (FÜR 8 PORTIONEN)

1	Bio-Orange
6	Eier
250 g	Mandelmehl
1 TL	Backpulver
4 EL	Xylit (siehe S. 9)
2	Tropfen Vanillearoma
	Prise Salz
100 g	Frischkäse (Fettgehalt 0,2 %)
80 g	Joghurt (Fettgehalt 3,5 %)
	pudriges Erythrit als Puderzuckerersatz (optional, siehe S. 9)

VEGGIE

70 Min VORBEREITUNG & RUHEZEIT

25 Min BACKEN

Mittel SCHWIERIGKEIT

EW 21g **F** 8g **KH** 6g **Kcal** 180

ANLEITUNG

1. Backofen auf ca. 180 °C vorheizen. Zwei Formen mit ca. 15 bis 20 cm Durchmesser einfetten.

2. Orange waschen, schälen und vierteln. Einen Teil der Schale in hauchdünne Streifen schneiden.

3. Orange in einer Küchenmaschine oder einem Mixer je nach Geschmack fein oder grob pürieren. Alternativ kann auch ein Zauberstab verwendet werden.

4. Anschließend Eier, Mandelmehl, Backpulver, 3 EL Xylit, Vanillearoma und Salz dazugeben und vermischen. Die Masse teilen und in die zwei Formen füllen. Die Böden für etwa 20 bis 25 Minuten backen, danach komplett abkühlen lassen. In der Zwischenzeit die mittlere Schicht vorbereiten: Frischkäse und Joghurt mit 1 EL Xylit verrühren.

5. Einen der Böden mit der glatten Seite nach unten auf einen Teller legen. Mit einem langen Messer die durch das Backen leicht gewölbte Oberfläche gerade abschneiden, so dass der andere Boden bündig und gerade darauf passt. Die Frischkäsemasse auf den unteren Boden geben und mit dem anderen Boden abdecken. Die Masse wird zu den Seiten etwas herauslaufen, einfach mit den Fingern oder einem Messer glattstreichen.

6. Den Kuchen vor dem Servieren abgedeckt einige Stunden ruhen lassen, so dass die mittlere Schicht aushärten kann. Mit etwas Puderzuckerersatz und den Orangenstreifen verzieren.

FLADENBROT

VEGGIE

ZUTATEN

(FÜR 4 KLEINE FLADEN ODER 2 PORTIONEN)

3	mittelgroße Eier
100 g	Frischkäse (Fettgehalt 0,2 %)
1 EL	Flohsamenschalenpulver
1 EL	Backpulver
	Salz
50 g	Käse (Gouda oder Emmentaler)
	etwas Rapsöl zum Einfetten
	Körner zum Bestreuen (z.B. hellen Sesam, Chia-Samen)

10 Min VORBEREITUNG

25 Min BACKEN

Einfach SCHWIERIGKEIT

EW 23g **F** 15.5g **KH** 5g **Kcal** 252

ANLEITUNG

1. Backofen vorheizen auf 150 °C (Umluft) und ein Backblech mit Backpapier auslegen und bereitstellen.

2. Die Eier trennen. Das Eiweiß steif schlagen.

3. Frischkäse, Flohsamenschalenpulver und Backpulver zum Eigelb geben und gut verrühren. Ordentlich salzen. Dann den geriebenen Käse unter die Masse rühren. Anschließend vorsichtig das steife Eiweiß unterheben. Je sorgfältiger ihr das macht, desto fluffiger und luftiger werden die Brote.

4. Das Backpapier mit einem Tropfen Öl einfetten (es reicht ganz wenig), damit die Brote am Ende nicht kleben bleiben.

5. Die Masse in vier kleinen Häufchen auf dem Backblech verteilen und mit einem Schaber glattstreichen. Die Teigfladen sollten noch mindestens eine Höhe von einem Zentimeter haben. Anschließend mit den Körnern bestreuen.

6. Für ca. 25 Minuten backen und dabei immer im Auge behalten. Wenn die Fladen braun werden, aus dem Ofen nehmen und abkühlen lassen.

ZUCCHINI-WAFFELN

VEGGIE

Für dieses Rezept wird ein Waffeleisen mit Temperaturregler benötigt. Die Waffeln werden auf niedriger bis mittlerer Hitze gebacken.

ZUTATEN (FÜR 2 PORTIONEN)

2	Zucchini
1	Schalotte
2	mittelgroße Eier
1 EL	Frischkäse (Fettgehalt 0,2 %)
100 g	Käse (gerieben)
100 g	Mandelmehl
1 TL	Backpulver
1	Schuss Milch
	etwas Öl

15 Min VORBEREITUNG | **15** Min BACKEN | **Schwer** SCHWIERIGKEIT

EW 45g **F** 25g **KH** 12.5g **Kcal** 455

ANLEITUNG

1. Zucchini waschen und die Enden abschneiden. Mit einem Spiralschneider oder einem Gemüsehobel fein raspeln. Die Zucchini-Raspeln in ein Küchentuch wickeln und gut ausdrücken. Erscheint die Zucchini danach noch sehr feucht, kann man sie zusätzlich auf Küchentüchern ausbreiten, mit etwas Salz bestreuen und nach etwa 10 Minuten die ausgetretene Flüssigkeit abtupfen. Die Zucchini-Raspeln anschließend mit einem Messer noch feiner hacken.

2. Die Schalotte fein würfeln und mit den Eiern, dem Frischkäse und dem geriebenen Käse vermengen. Zusammen mit der Zucchini in einen Mixer oder die Küchenmaschine geben und pürieren. Alternativ kann auch mit einem Zauberstab püriert werden.

3. Die Masse in eine Schüssel geben und Mandelmehl, Backpulver und Milch einrühren. Die Konsistenz sollte normalem Waffelteig ähneln. Wenn es noch zu flüssig ist, mehr Mandelmehl dazugeben.

4. Waffeleisen erhitzen und mit Öl bestreichen, falls es nicht beschichtet ist. Einen Schöpflöffel Teig in das Waffeleisen geben und nach Herstellerangaben auf niedriger bis mittlerer Temperatur backen. Die Waffeln werden durch den Käse super knusprig. Guten Appetit!

VEGAN

ZOODLES MIT AVOCADO-PESTO

ZUTATEN (FÜR 2 PORTIONEN)

1	mittelgroße Zwiebel
1	Knoblauchzehe
1	mittelgroße Zucchini
1	reife Avocado
	Prise Salz, Pfeffer
15 ml	Olivenöl
	etwas Pinienkerne
2	Zweige Basilikum

10 *Min* VORBEREITUNG · **5** *Min* KOCHEN · ***Einfach*** SCHWIERIGKEIT

EW *2g* ***F*** *22.5g* ***KH*** *6.5g* ***Kcal*** *237*

ANLEITUNG

1. Die Zwiebel und den Knoblauch schälen und kleinhacken. Zucchini in Streifen schneiden oder mit einem Spiralschneider Zucchini-Spaghetti (Zoodles) raspeln.

2. Die Avocado teilen, entkernen, das Fruchtfleisch mit einem Löffel in eine Schüssel geben und mit Salz und Pfeffer würzen. Achtet darauf, die Schale der Avocado nicht zu beschädigen. Das Gericht soll später in einer Schalenhälfte angerichtet werden. **Tipp:** Wenn man den Kern der Avocado in das ausgelöffelte Fruchtfleisch legt, wird es nicht so schnell braun.

3. Das Olivenöl mit den Zwiebeln, dem Knoblauch und den Zucchini-Streifen vermengen. Zur Avocado-Masse geben und nochmals vorsichtig durchmengen.

4. Pinienkerne in einer Pfanne ohne Fett kurz anrösten.

5. Die Zoodles zum Beispiel in einer Avocadohälfte anrichten und mit einem Zweig Basilikum garnieren. Pinienkerne darüberstreuen.

VEGAN RAW

TRAUBEN-RADICCHIOSALAT

ZUTATEN (FÜR 2 PORTIONEN)

1	Kopf Radicchio
½	Bund Petersilie
60 g	Weintrauben (ohne Kerne)
1 TL	Senf
1 EL	Weinessig
1 TL	Xylit (siehe S. 9)
3 EL	Traubenkernöl
3 EL	Walnussöl
	Prise Salz, Pfeffer
75 g	Kirschtomaten

ANLEITUNG

1. Den Radicchio zupfen und den Strunk entfernen. Anschließend waschen und trocken schleudern.

2. Petersilie waschen und mit einem Küchentuch trocken tupfen. Dann die Blätter von den Zweigen zupfen.

3. Trauben waschen, trocknen, von den Stielen zupfen und anschließend halbieren.

4. Für das Dressing Senf, Essig und Xylit in einer Schüssel verrühren. Dann beide Sorten Öl unter gleichmäßigem Rühren langsam einlaufen lassen. Mit Salz und Pfeffer würzen und abschmecken.

5. Tomaten waschen und halbieren.

6. Salat, Petersilie und Tomaten anrichten, mit dem Dressing beträufeln und direkt servieren.

10 Min
ZUBEREITUNG

Einfach
SCHWIERIGKEIT

EW 2g **F** 30g **KH** 10g **Kcal** 318

VEGAN

RAW

TROPICAL-BOWL-MÜSLI

ZUTATEN (FÜR 1 PORTION)

60 g	Ananas
60 g	Papaya
2	Litschis
½	Apfel
50 g	dunkle Weintrauben
100 ml	Mandelmilch
25 g	Müslikekse oder Granolariegel
	etwas Minze

VEGAN

RAW

ANLEITUNG

1. Die Früchte würfeln und in eine Schale geben.

2. Die Mandelmilch in einem extra Gefäß servieren, damit sie frisch über das Müsli gegossen werden kann.

3. Müslikekse oder ein kleines Stück vom Granolariegel über den Früchten verteilen. Mit einem kleinen Blatt Minze garnieren.

10 Min
ZUBEREITUNG

Einfach
SCHWIERIGKEIT

EW 6g **F** 4g **KH** 49g **Kcal** 256

Achtung: Rezept enthält mehr als 30 g Kohlenhydrate!

LIMONENGRAS-SALAT

ZUTATEN (FÜR 1 PORTION)

100 g	Gurke
150 g	Karotten
1	kleine Paprika
1	kleine Stange Sellerie
150 g	Salat (nach Belieben)
80 g	Grünkohl
2	Limetten
	Wasser
1	Stange Zitronengras
8	Blätter Minze
100 ml	Mandelmilch
2 TL	Xylit (siehe S. 9)
1 TL	Sojasoße
10 ml	Reisessig
	Prise Salz, roter Pfeffer
30 g	Soja-Sprossen

15 Min ZUBEREITUNG

Mittel SCHWIERIGKEIT

EW 14g **F** 6g **KH** 23g **Kcal** 202

ANLEITUNG

1. Gurken und Karotten schälen, Paprika und Sellerie ordentlich waschen. In kleine Würfel schneiden. Salat und Grünkohl waschen und klein rupfen.

2. Das Dressing in einer großen Schüssel zubereiten. Dafür eine der Limetten auspressen und ca. 50 ml Wasser zum Saft geben. Zitronengras und Minze klein hacken und dazugeben. Mandelmilch, Xylit, Sojasoße und Reisessig unterrühren. Mit Salz und rotem Pfeffer würzen.

3. Gurken, Karotten, Paprika, Sellerie, Grünkohl und Salat in die Schüssel geben. Die Sojasprossen dazugeben. Alles vermengen.

4. Den Salat mit einer aufgeschnittenen Limette garnieren und mit Stäbchen servieren. Guten Appetit!

VEGAN RAW

TOFU-TOMATENSALAT

ZUTATEN (FÜR 1 PORTION)

75 g	geräucherter Tofu
2	Tomaten
1	Knoblauchzehe
	Prise Salz, Pfeffer
1 EL	Olivenöl
	etwas Petersilie zum Garnieren

ANLEITUNG

1. Tofu mit einem Küchentuch trocken tupfen. Anschließend würfeln und zur Seite stellen.

2. Tomaten waschen und ebenfalls würfeln. In eine Schüssel geben.

3. Knoblauch schälen und klein hacken. Zu den Tomaten in die Schüssel geben. Ordentlich mit Salz und Pfeffer würzen. Olivenöl dazugeben und alles vermengen.

4. Vor dem Servieren den Tofu hinzufügen und nochmals durchmengen. Mit etwas Petersilie garnieren.

VEGAN RAW

5Min
ZUBEREITUNG

Einfach
SCHWIERIGKEIT

EW15g **F**17g **KH**5.5g **Kcal**235

TOFU SOUR CREAM

ZUTATEN (FÜR 2 PORTIONEN)

200 g	Tofu
2 TL	Olivenöl
1 TL	Kokosöl
2 TL	frischer Zitronensaft
	Prise Meersalz, Pfeffer

ANLEITUNG

1. Tofu in kleine Würfel schneiden.
2. Tofu mit den anderen Zutaten in einen Küchenmixer geben und so lange mixen, bis eine dickflüssige Masse entsteht. Alternativ einen Zauberstab benutzen.
3. Abschmecken und gegebenenfalls mit Salz, Pfeffer und Zitronensaft nachwürzen.

Tipp: Ideal als Dip für frisches Gemüse wie Gurken, Karotten, Kirschtomaten, Paprika.

10Min
ZUBEREITUNG

Einfach
SCHWIERIGKEIT

EW*18g* ***F****16.5g* ***KH****0.5g* ***Kcal****223*

VEGAN RAW

ÜBER MICH

ESSEN OHNE KOHLENHYDRATE

Irgendwann Ende September 2014 habe ich mich mit meiner Schwester über Ernährung unterhalten. Ich hatte zu diesem Zeitpunkt durch eine Low-Carb-Ernährungsumstellung, viel Sport und meine Liebe zum Kochen bereits 16 Kilo abgenommen. Aus diesem Gespräch ist die Idee zu »Essen ohne Kohlenhydrate« entstanden.

Ich hatte mich intensiv mit dem Thema Low-Carb beschäftigt und war im Alltag auf immer mehr alternative Lebensmittel gestoßen, welche einen Verzicht auf Kohlenhydrate erleichtern. So sind mit der Zeit sehr viele tolle Rezepte entstanden, die ich gerne mit anderen teilen wollte. Im Januar 2015 habe ich dann meinen Food-Blog »Essen ohne Kohlenhydrate« (www.essen-ohne-kohlenhydrate.info) ins Leben gerufen und eine Facebook-Seite gegründet. Ich hätte nie damit gerechnet, dass ich innerhalb eines Jahres Hunderttausende von Followern und Fans haben würde. Die Nachrichten und Rückmeldungen aus den sozialen Medien haben mich seitdem extrem motiviert. Frische Zutaten, hochwertige Lebensmittel, gesundes Essen, selbst zubereitet. Das habe ich im Lauf meiner Ernährungsumstellung zu schätzen gelernt. Umso besser war das Gefühl, auf so viel Feedback zu stoßen. Meine Rezepte und Kreationen mit so vielen Menschen zu teilen macht einfach unglaublich viel Spaß. Vor allem, wenn ich damit anderen Menschen das Leben im Low-Carb-Dschungel etwas erleichtern kann. Auch dieses Rezeptbuch ist auf Wunsch der Fans entstanden – ich erinnere mich noch zu gut an die ersten Anfragen dazu auf Facebook. Da musste ich erstmal herzhaft lachen. Denn zu diesem Zeitpunkt gab es noch nicht einmal eine Homepage.

Vielen Dank also an euch alle für die unglaubliche Unterstützung und das Feedback, das ihr mir täglich gebt. Nur mit eurer Beteiligung, mit eurer Kritik und euren vielen neuen Ideen und Anregungen kann ich mich ständig neu in der Küche erfinden. Es macht super Spaß, mit euch über all die verschiedenen Low-Carb-Themenbereiche zu reden, euch zu antworten und mit Rat und Tat zu unterstützen. Ohne euch wäre dieses Buch niemals entstanden.

Und dann möchte ich mich bei meinem Schwesterherz, meiner Mutter und meinen Freunden bedanken – auch ohne euch hätte ich das nicht geschafft. Ich habe euch lieb! Danke für eure Unterstützung.

Ich habe mich selbst durch den Low-Carb-Dschungel geschlagen und meine Erfahrungen gesammelt. Mit etwas Routine und Übung ist der Verzicht auf Kohlenhydrate wirklich einfach umzusetzen – und das Wichtigste: Es schmeckt nicht nur, es ist sogar unglaublich lecker!

REZEPTE REGISTER

Vegetarisch

Vegan

Rohkost

Mit Fleisch/Fisch

ZUTATEN REGISTER